# 예언 노트

# 예언 노트

·신상래 지음·

선지자(혹은 예언채)를 두는 것은 하나님의 뜻을 알려서, 지옥 갈 영혼들을 살려 아버지의 품으로 돌아오게 하려 함이라. 혹시 주인이 하는 말을 잘못 전달할까 염려 말고, 기도하고 비혹의 영을 조심하라.

좋은땅

# 목차

# 들어가기

　예언이란 말은 우리네 교회에서 기피하는 단어 중 하나이다. 성경에도 예언을 기피하던 사람들이 있다. 구약시대의 이스라엘 왕과 백성들이다. 그들이 예언 자체를 기피했다는 것이 아니라, 자신들에게 불리한 예언을 하는 예언자들을 증오하고 박해하여 옥에 가두고 죽여 버리기도 했다. 그래도 그 시절은 하나님이 보내신 예언자들이 배출되었던 시절이다. 이사야나 예레미야, 에스겔과 호세아 같은 쟁쟁한 예언자들은 죽음을 무릅쓰고 왕과 이스라엘 백성들을 향해 불길한 예언을 마다하지 않았다. 물론 그 대가가 개인적으로 불행한 삶을 자초하기는 했어도 그들의 행적이 성경책에 기록되어 있다는 것만으로도 영광스러운 이름이 되었다. 그러나 이 시대의 우리네 교회에서는 예언의 은사나 예언자라는 단어조차 들어볼 수 없다. 우리네 교회는 성경이 완성된 시대에 예언의 은사는 더 이상 존재하지 않는다고 가르치고 있기 때문이다. 그러나 그런 말은 성경에 없다. 아니 없는 정도가 아니라, 사도 바울은 더욱 은사를 사모하고 특히 예언을 하려고 하라고 권면했다. 그러나 우리네 교회지도자들은 이런 말씀이 성경에 없는 것처럼, 말씀을 자의적으로 해석하고 아전인수식으로 바꾸어 버렸다. 왜 그런지 아는가? 성경지식을 자신들의 전유물이라고 여기면서 떵떵거리고 살고 있는데 성령이 주시는 예언을 통해 자신들이 말하는 성경 해석이 잘못되었다는 것이 드러난다면 곤혹스러울 것이기 때문이다. 그러나 그뿐만이 아니다. 예언의 은사를 받은 예언자들은 교회 안에서 높은 위치를 차지하고 있다. 그러므로 이들의 존재를 인정한다면, 교회에서 가장 높은 자리를 넘겨주어야 하지 않겠는가? 그래서 아예 예언의 은사는 이 시대에 더 이상 존재하지 않는다는 식의 주장으로 덮어 버리고 있다.

그렇다고 우리네 교회 주변에 예언을 은사를 받았다고 주장하는 예언자들이 전혀 없는 것은 아니고, 잊을 만하면 성령으로부터 전쟁이나 종말의 시기에 대해 예언을 받았다고 주장하는 무리들이 있기는 하다. 그래서 많은 사람들이 그들의 말에 혹해서 집회에 참석하여 귀를 기울이기도 하고 마음이 들떠서 따라다니고 있기도 하다. 그러나 그들이 주장한 사건이 일어나지도 않고 그들이 말하는 시간에 종말의 증거가 일어나지도 않았다. 그러다 보니 예언을 부정하는 교회 지도자들은, 그것 보라면서 자신의 주장을 더욱 강하게 펼치고 있다. 그러나 거짓 예언자들이 넘쳐난다고 예언의 은사가 사라지거나 참 예언자가 없다고 주장하는 게 성경적인가? 그러나 성령으로부터 나온 예언을 들어 보지 못한 우리네 교회의 주장에 힘이 실리는 것도 무리가 아니다. 그래서 이 시대에 성령으로부터 들었다는 예언을 공개적으로 말하는 것조차 무척이나 두렵고 떨리는 것도 사실이다.

그러나 이런 사건이 현실로 다가올 것을, 필자가 어떻게 알 수 있었을까?

  성령께서 필자에게, 충주의 한적한 시골에 크리스천 영성학교 문을 열어 주신 지도 벌써 9년여가 되었다. 물론 이 사역은 이미 성령으로부터 필자에게 이미 고지가 되었고 말씀해 주신 대로 기적과 이적을 통해 진행되었다. 성령께서 필자 부부에게 찾아오셔서 말을 걸어오신 게 벌써 12년 전의 일이다. 필자가 하나님을 부르는 기도를 한 지 10년이 넘어선 어느 날이었다. 그날 밤도 다른 날과 다르지 않게 하나님을 부르는 기도를 하며 고단한 하루를 마감하고 있었다. 두어 시간의 저녁 기도를 마치고 자정이 되면 기도처와 예배당으로 삼고 있던 원룸에서, 아내와 함께 자동차로 10분 거리인 집으로 돌아가곤 했었다. 내가 먼저 기도를 마치고 나란히 옆에 붙어서 앉아 있던 아내가 기도를 마칠 것을 기다리고 있었다. 그때 아내가 원판에 앉아서 도는 것처럼 관절을 움직이지 않고 천천히 내게로 돌아앉았다. 눈이 휘둥그레질 정도로 기이한 광경이었다. 그것도 잠시, 아내의 입에서 여성스런 목소리가 아닌 중성의 목소리가 조용하고 천천히 들려오기 시작했다. 그런 일이 있고 나서 날마다 영음이 들렸다. 입을 통해 음성으로 전달하는 경우도 있었지만, 대부분은 어떤 생각이 머릿속으로 휙 하고 들어오는 영음이었다. 영음의 주인공이 성령일까 귀신일까, 아니면 내 생각일까 알 수 없어서 그때부터 수첩에 적어 두기 시작했다. 그 내용은 앞으로 필자가 해야 할 사역과 기도와 신앙 그리고 악한 영의 정체와 활동에 대한 내용이었다. 그리고 어느 정도 시간이 지나자 정신병에 걸린 사람들을 만나게 해 주시고 귀신을 쫓아내면서 귀신들의 실체를 알게 하는 훈련이 약 3년간 계속되었다. 그동안 영음으로 들었거나 혹은 꿈이나 환상으로 본 것은 현실세계와는 무관하게 보였지만 귀신을 쫓아내면서 귀신들의 실체가 드러나면서 그들의 정체를 알게 되는 것은 엄연한 현실이었다. 3년간의 훈련기간이 지나자, 성령께서는 필자 부부를 충주에 보내서서 기도의 일꾼을 세우고 악한 영과 싸우는 정예용사를 양육하라는 명령과 함께 영성학교를 열게 해 주셔서, 충주의 한적한 시골에서 이 사역을 한 지 9년여가 흘렀다. 지금까지 수백 명의 귀신이 들려서 정신질환이나 고질병을 앓는 사람에게서 귀신을 쫓아내며 질병을 치유하는 것을 두 눈으로 확인하고, 영성학교를 공동체로 삼아서 매주 찾아오는 사람들로 300여 명이 넘는 공동체를 이루고 있다.

필자가 그동안 성령으로부터 들은 예언의 말씀들은 책으로 두 권이 넘는 방대한 분량이다. 물론 필자가 들었다는 말씀이 죄다 성령으로부터 들은 말은 아니었다. 때로는 귀신이 속여서 넣어 주는 말에 속아 넘어갔던 적도 있었다. 그 사건을 겪으면서 성령이 주시는 분별력이 없다면, 예언을 듣는다는 것이 무척이나 위험한 일이라는 것도 깨닫게 되었다. 귀신들이 들려주는 말은 개인적인 유익이나 호기심을 만족시켜 주는 내용이 대부분이며, 귀신들은 사람들이 기억하고 있는 내용을 훔쳐 내어 거짓 예언을 듣는 사람들의 귀에 넣어 준다고 하셨다. 어쨌든 성령께서는 필자에게 해 준 예언의 내용을 기록하고 선포하라는 명령을 하셔서 이 내용을 공개하기에 이르렀다. 성령께서는, 왜 이 시대에도 예언이 필요한지에 대해서도 말씀해 주셨다.

* 예로부터 내 음성을 듣는 이는 많지 않았다.
* 예언이 중요한 것은, 지도하는 자들이 자기의 생각대로 사역을 하지 않게 하기 위함이다.
* 인본적인 예언을 방지하는 것이 기도와 말씀이다.
* 자신의 뜻이 아닌 하나님의 뜻을 알리는 것이 예언이다.
* 악한 목자들은 가장 위험한 이론으로 나를 가르치고, 영음만을 고집하고, 실제의 삶에서는 나를 공경하지 않는다.
* 예언하는 자들 중 귀신에게서 배운 기도를 하는 자들이 많다.
* 하나님의 음성을 듣는 일이 어디 작은 일이냐?
* 예언자들은 치열한 싸움을 한다.
* 나지막한 말(영음)은 내가 주는 말과 사탄이 방해하는 말들이 있다.
* 점치는 귀신들이 점쟁이들에게, 상대방의 사건이나 경험들을 귀에 넣어 준다. 그러나 앞길은 모른다.
* 선지자(혹은 예언자)를 두는 것은 하나님의 뜻을 알려서, 지옥 갈 영혼들을 살려 아버지의 품으로 돌아오게 하려 함이라.
* 계속 예언을 하도록 하라.
* 혹시 주인이 하는 말을 잘못 전달할까 염려 말고, 기도하고 미혹의 영을 조심하라.

성령께서 해 주신 말씀에 의하면, 이 시대에도 예언을 주시는 이유는 교회 지도자들이 자신의 생각대로 사역을 하지 않게 하기 위함이라고 하셨다. 그러나 예언의 은사를 부정하는 이 시대의 우리네 교회는 자신들의 사역이 과연 하나님의 뜻인지 검증하는 시스템을 잃어버린 셈이다. 그러나 그 예언이 하나님으로부터 온 것인지, 미혹의 영이 속여 넣어 주는 예언인지 분별하지 못한다면 그 말을 듣는 이들은 영혼이 위태로운 지경에 빠지게 될 것이다. 또한 예언의 은사를 부정하는 이들 역시, 성경 말씀을 왜곡되게 가르치는 심각한 죄를 짓는 것임을 알아야 할 것이다. 어쨌든 오랫동안 망설여 왔던 예언의 말씀들을 공개하면서, 우리네 교인들과 세상 사람들에게 알리게 되어 기쁘지만 한편으로는 두렵기도 하다. 그러므로 이 글을 읽는 이들도 예언의 내용들이 성경과 일치하는지, 또한 예언의 말씀들이 그간 필자의 사역을 통해 성취되었는지 확인해 보면서 받아들여야 할 것이다.


충주의 한적한 시골에서

# 1.
# 신앙에 대하여

* 자신의 뜻을 이루지 말고 하나님의 뜻을 이루라.

* 지옥의 권세를 흔드는 믿음을 지녀라.

* 죄인을 위해 오신 예수를 기억하라.

* 주의 인도하심을 구하라.

* 순종이 제사보다 낫다.

* 소망을 품고 주를 사랑하라.

* 작은 일에 충성하라.

* 신랑의 음성을 들을 때가 오나니, 곧 이때라.

* 종교적인 하나님이 아니라 실제적이고 사실적인 하나님을 만나라.

* 신앙이 짐이 되지 않도록 주의하라. 나는 너희들의 하나님이다. 신앙이
  짐이 된다면 어떻게 나를 섬기겠느냐?

* 진리를 아는 것에 그치지 말고 행하라.

* 자신의 뜻이 아닌 하나님의 뜻을 이루려는 신부가 되라.

* 신앙의 위인들은 인내함으로써 능력을 얻었다.

* 세상 그 무엇보다 주를 더 사랑하라.

* 영생을 얻는 일에 마음을 다하라.

* 네 행위대로 모든 것을 갚아 주겠다.

* 내가 함께하는 것으로 위로를 삼으라.

* 소망이 무엇인지 깨달으라.

* 믿음의 본질을 깨달으라.

* 네 마음과 뜻을 하나님께 두라.

* 시냇물이 썩지 않도록 하라

* 주 안에서 빛된 소망을 지녀라.

* 자고하지 않도록 하라.

* 진리가 너희를 지배하도록 하라.

* 종교적인 신앙생활을 버려야 한다.

* 작은 일에 충성하라. 주께서 너희를 기뻐하시느니라.

* 그리스도를 아는 지식이 가장 고상하다.

* 말씀을 생활화하라.

* 여호와를 기뻐하는 것이 네 마음의 즐거움이다.

* 마지막 때를 기다리라.

* 본이 되는 신앙생활을 하라.

* 산 자와 죽은 자를 심판하러 오시리라.

* 주인과 사귐이 있는 신앙생활을 하라.

* 교만이 믿음을 무너뜨리지 않도록 하라.

* 나는 너희에게 좋은 것을 줄 수 있는 아버지이다.

* 요지부동한 믿음을 견지하라.

* 영생을 얻는 일에 전념하라.

* 나귀를 타신 예수님과 가시 면류관을 쓰신 예수님을 상고하라.

* 믿음의 비밀을 저장하라.

* 지속적으로 가지치기(성전을 깨끗하게 하는 것, 필자 주)를 하라.

* 가지고 있는 믿음을 잃지 않도록 하라.

* 말씀으로 늘 신부의 모습을 단장하라.

* 희생이 없는 믿음은 사막이다.

* 믿음의 색이 바라지 않게 견제하라.

* 나귀를 타고 오신 예수님, 구유에서 나신 예수님을 묵상하라.

* 영적 각성을 도모하라.

* 희생이 없는 믿음은 죽은 믿음이다.

* 歸巢本能(귀소본능)의 신앙을 견지하라.

* 비가 새지 않도록 집을 수리하라.

* 삼키는 믿음이 아니라 되새김질하는 믿음을 가지라.

* 희미한 믿음은 영혼이 배고프다는 것이며, 말씀을 빨리 먹어야 한다.

* 송곳 같은 믿음을 유지하라.

* 혹이 하나님을 섬길까 물어보면, 기도와 말씀으로 대답하라.

* 희미한 믿음으로 하지 말고 고난 속에서 꽃을 피우는 믿음이 되라.

* 오직 주만이 나의 생명이신 것을 기억하라.

1. 신앙에 대하여

* 서로를 존중하여 행하고 기도가 막히지 않게 하라.

* 내 멍에를 메지 않는 자가 내 제자가 되겠느냐?

* 모순된 신앙을 가지고 주를 섬기는 이들이 많다.

* 인자가 세상에 올 때 믿음을 보겠느냐?

* 오래된 신앙을 돌로 쪼개라.

* 나는 내 양들을 알지만 내 양들은 나를 알지 못한다.

* 내게 좋은 약이 있는데, 신약과 구약이다.

* 녹이 나지 않게 영혼을 닦으라.

* 곤경에 처해 있을 때 믿음을 강화하라.

* 새 부대는 새 믿음이다.

* 일에나 말에나 하나님의 이름으로 하라.

* 고난 중에 나를 바라보는 믿음을 지녀라.

* 소자에게 하듯이 용서하라.

* 녹슬지 않는 믿음을 지녀라.

* 그리스도를 덧입으라.

* 선 줄로 믿는 자는 넘어질까 조심하라.

* 자신을 쳐서 복종하라.

* 나는 지옥의 권세를 이기고 살아났다.

* 옥합을 깨뜨리는 믿음을 지녀라.

* 영생을 소유한 것이 어디 보통 일이냐?

* 오래된 믿음을 걷어치우라.

예언 노트

* 영생을 위한 일에 마음을 다하라.

* 믿음의 본질을 이해하라.

* 선한 뜻을 가지고 주가 세운 계획을 이루라.

* 이 소망을 굳게 잡으면 하나님을 볼 수 있다.

* 마라의 쓴 물을 기억하라.

* 나고 죽고 하는 것은 하늘의 정한 이치요, 죽은 다음에는 심판이 있으리라.

* 오래된 믿음을 갈아엎고 새 믿음을 받아라.

* 영생이 있음을 알고 믿음의 질을 높이고 지혜를 구하라.

* 오직 주 예수 그리스도로 옷 입으라.

* 사람들이 알지 못하는 것을 섬기고 경배한다.

* 볼지어다. 내가 네 앞에 열린 문을 두었으되 능히 닫을 사람이 없으리라.

* 영생에 지혜를 더하라.

* 양식이 있는지를 늘 확인하라.

* 자기의 의를 드러내지 않도록 하라.

* 가지고 있는 믿음을 잃지 않도록 하라.

* 여로보암의 길로 가지 말라.

* 자로 잰 듯한 믿음을 지녀라.

* 히스기야의 눈물을 기억하라.

* 나비가 고치 안에 있을 때를 잊지 말라.

1. 신앙에 대하여

* 하나님이 예비하신 것은 눈으로 보지 못하고 귀로 듣지 못하고 마음으로 깨닫지 못한다.
* 고독한 영혼을 서로 위로하고 격려하라.
* 물고기(갈급한 영혼, 필자 주)들이 물(성령, 필자 주)로 몰려오지, 물이 물고기를 찾겠느냐?
* 새 믿음을 갈구하라.
* 기도와 말씀으로 더 분발하라.
* S 이단 교주 L은 (성령께서 실명을 말씀해 주셨으나 불필요한 마찰을 피하기 위해 이니셜로 대체합니다, 필자 주) 기독교를 배교했다.
* 고루한 믿음을 버려라.
* 소금이 맛을 잃으면 무엇하리오?
* 난해한 믿음을 견제하라.
* 영생을 함께 할 친구를 찾으라.
* 나로 말미암아 시험을 이겨라.
* 믿음의 본질을 깨닫는 것이 최우선이다.
* 네 믿음이 어디에서 나느냐? 위로부터 나는 것이 아니냐?
* 샘솟는 기쁨을 맛보아 알지어다.
* 네 믿음을 유지하라.
* 그릇이 부족한데 무엇을 담겠느냐?
* 하나님께서 의인을 시험하신다.
* 전사 같은 믿음을 길러라.

* 죄가 성장하면 사망한다.

* 미세한 죄의 먼지를 털어 버리라.

* 교활한 믿음을 경계하라.

* 녹이 난 그릇을 모두 닦아야 한다.

* 범사에 주를 인정하라.

* 사모하는 마음을 가지고 주를 섬기라.

* 주께서 믿음을 달아 보신다.

* 심중에 믿음이 있는지를 늘 확인하라.

* 용사는 마음을 강하게 하여야 한다.

* 구원의 선물을 이루어라.

* 노력도 안 하고 주인을 찾는다고 한다.

* 믿음을 안팎으로 잘 체크하라.

* 나는 만세 전에 택한 백성을 구원한다.

* 장군의 모습으로 주를 섬기라.

* 주인을 잃은 영혼은 죽기를 거부한다.

* 진보를 계속하고 두려워하지 말라.

* 십자가에 돌아가신 예수 그리스도를 깊이 생각하라.

* 오직 믿음으로 나아가라.

* 본디오 빌라도에게 돌아가신 하나님을 기억하라.

* 주를 기쁘시게 하는 믿음을 키워 나가라.

* 수시로 주를 찾는 믿음을 소유하라.

* 주를 기쁘시게 하는 믿음을 소유하라.

* 신 중에 나와 같은 신이 어디 있느냐?

* 나는 두고 온 믿음을 찾아가는 자를 기뻐한다.

* 두고 온 믿음을 찾아가라.

* 오직 기도와 말씀으로 거룩하라.

* 독(믿음, 필자 주)이 깨지지 않게 조심하라.

* 문지방(하나님의 뜻, 필자 주)을 넘지 않도록 하라.

* 기적의 문을 통과하라.

* 내게 능력 주시는 자 안에서 내가 모든 것을 할 수 있느니라.

* 전심으로 기도하는 자를 내가 지도한다.

* 심령이 가난한 자를 내가 지도한다.

* 믿고 순종하는 자를 내가 지도한다.

* 천국은 정제된 영혼이 가는 것이다.

* 자기 일에 충성된 자를 보았느냐?

* 비만 오면 새는 지붕이 되지 말라.

* 거만하게 하거나 욕되게 하는 영은 그리스도의 영이 아니다.

* 가시채를 뒷발질하는 것은 나귀에게 아무런 소용이 없다.

* 주인의 뜻에 합당한 사람이 되라.

* 너희들이 섬기는 신은 참된 신이다. 진리의 신이다.

* 눈이 보배가 아니냐?

* 성전이 너 자신임을 잊지 말라.

* 성전의 주인이 누구인지 늘 확인하라.

* 하나님의 이름을 부르고 찬양하는 것만으로 예배가 가능하다.

* 둘이 있다가 하나가 데려감을 당한다.

* 믿음의 질을 높이도록 힘써라.

* 주를 기쁘시게 하는 믿음을 소유하라.

* 심령이 가난한 자를 내가 기뻐한다.

* 믿음의 주를 온전하신 주를 깊이 생각하라.

* 謀士(모사)가 무엇인지 배우라.

* 믿음으로 주를 섬기고 자유의 기쁨을 맛보라.

* 반드시 이루고 또 이루리라.

* 성전을 기도와 말씀으로 충만하게 하라.

* 도구가 지혜롭지 못하면 어디에 쓰겠느냐?

* 모이기를 힘쓰고 지혜롭게 일하라.

* 내 이름을 부르는 자는 구원을 얻는다.

* 하나님을 기쁘시게 하는 것이 무엇인지 생각하라.

* 믿음의 순도를 높이고 말씀과 기도로 전진하라.

* 물은 밑에서 흐르지 않고 위에서 흐르나니, 위에서부터 오는 모든 좋은
  것을 사모하라.

* 믿음은 순종하는 자에게 있지 아니하냐?

* 모양만 보지 말고 시험에 든 자를 구원하라.

* 신부된 도리를 다하고 말에나 일에나 지혜로 하라.

* 네 마음에 천국이 있는지를 늘 확인하라.

* 니고데모의 이야기를 배우라.

* 심령의 복을 받은 자가 복이 있다.

* 기초 체력(기도와 말씀, 필자 주)이 떨어지면 영혼에 힘이 없다.

* 기초 체력을 튼튼히 하라.

* 존귀한 일이 무엇이냐, 아버지를 경외하는 것이 아니냐?

* 이미 혼이 나간 사람도 있다.

* 믿음은 기도의 산실이다.

* 자기 일에 충실한 자를 보겠느냐?

* 너희들의 인도자는 성령이다.

* 십자가에 달리신 예수님을 구주로 모신 것이 기적이다.

* 기쁨 중에 가장 기쁜 것은 구주 예수 그리스도를 아는 것이다.

* 죄의 먼지를 제거해야 빛이 들어온다.

* 본디오 빌라도에게 고난을 받고 십자가에 달려 돌아가신 예수님이 어떻게 그렇게 했는지 아느냐? 그분이 이러한 일을 당하셨다.

* 십자가에 달리신 예수를 기억하고 기도하라.

* 녹이 나지 않는 믿음을 유지하라.

* 오직 기도에 힘쓰고 기쁨으로 일하라.

* 심판주로 오실 예수를 늘 기억해야 한다.

* 소금에 배추를 절이면 어떻게 되느냐? 이를 배우라. (성령이 들어오면 마음이 가난해진다, 필자 주)

* 독이 든 지옥.

* 먼지(죄, 필자 주)는 계속적으로 닦아야 함을 잊지 말라.

* 별도의 신앙을 가지려 하지 말고 기도와 말씀으로 채우라.

* 겸손이 제사보다 낫다.

* 처음 된 자가 나중 되고 나중 된 자가 먼저 되고 있다.

* 본이 되는지를 늘 체크하라.

* 한 알의 밀이 썩지 아니하면 한 알 그대로 있고, 썩으면 많은 열매를 맺느니라.

* 냄비 신앙이 아니라 돌 같은 신앙을 유지하라.

* 지극히 큰 은혜를 사모하라.

* 독 안에 든 쥐(꼼짝도 못하는 불행에 빠진 영혼, 필자 주)를 보았느냐?

* 기쁨의 주를 만나고 또 만나라.

* 종재기 같은 믿음이 아니고 금그릇, 은그릇 같은 믿음이 되어라.

* 빈집(마음, 필자 주)에 누구(성령 or 귀신, 필자 주)를 앉히느냐?

* 못 박힌 구주를 아는 것이 지혜의 산실이다.

* 하나님의 掌(장) 중에 있는지를 늘 확인하라.

* 어렵고 힘들 때는 지극히 큰 하나님의 능력을 구하라.

* 선물이 위로부터 내려오는 것을 알라.

* 요긴하게 쓸 재목으로 일하라.

* 중심이 늘 주인에게로 가 있어야 한다.

* 녹이 난 믿음을 제거하고 믿음을 키우라.

* 믿음의 본체는 여기 있다 저기 있다가 아니라 너희 마음에 있다.

* 녹이 난 믿음을 제거하고 새 믿음으로 채워라.

* 성전이 무엇이냐? (만민이 기도하는 곳, 필자 주)

* 성전이 늘 깨끗한지를 점검하라.

* 성전에 늘 함께함을 아느냐?

* 종처럼 살지 말고 자녀처럼 살라.

* 성경이 나에 대하여 이야기하는 것을 아느냐?

* 신부의 자세를 늘 가지고 있으라, 이에서 생명이 남이라.

* 주인의 마음이 늘 자녀에게 가 있는 줄을 아느냐?

* 아비의 뜻을 잘 아는 자녀가 되라.

* 죽도록 충성하라, 그러면 생명의 면류관을 주리라.

* 숨소리도 다 아시는 하나님이 아니냐?

* 산보다 높은 하나님의 은혜를 너희가 아느냐?

* 이 산에서도 말고 저 산에서도 말고, 오직 하나님을 경외하는 마음을 너
  희 안에 두는 것이다.

* 부단히 노력하고 쉬지 말고 기도하라.

* 자기를 기쁘게 하지 말고 오직 하나님을 기쁘게 하라.

* 기밀한 일들을 알고 이루기에 힘써라.

* 가지고 있는 믿음을 잃지 않도록 하라.

* 종은 기도와 말씀으로 늘 준비가 되어 있어야 한다.

* 종재기 같은 신앙도 기도하면 올라간다.

예언 노트

* 성전이 자기 자신임을 잊지 말고 기도로 거룩한 삶을 살라.

* 기복이 없는 믿음을 유지하라.

* 숭고한 믿음을 유지하라.

* 적당히 해서는 천국에 갈 수 없다.

* 하나님의 나라는 말에 있지 않고 능력에 있다.

* 종교적인 것보다 더 중요한 것이 믿음이다.

* 거룩하신 자의 뜻을 따라 항상 준비하는 믿음이 되라.

* 부활이 갖는 의미를 아느냐?

* 내가 죽었다가 살지 아니 하였으면 너희가 다시 살겠느냐?

* 영생이 있음을 알거니와 이를 나타내시는 이는 예수 그리스도니라.

* 독수리 같은 믿음을 소지하라.

* 주께서 허락하신 일들을 죽기를 각오하고 힘써 지키라.

* 신구약이 나에 대해 기록한 것을 아느냐?

* 준비하지 않으면 영혼이 지옥에 간다.

* 전쟁의 날에 꼭 쓰임을 받는 용사가 되라.

* 믿음이 없는 자는 좋은 것을 구분하지 못한다.

* 죽기를 거부하는 자는 기도를 안 하고 주인의 말에 순종하지 아니하는 자이다.

* 믿음은 키울수록 커진다.

* 아름다운 믿음으로 주를 섬기라.

* 십자가에 달리신 예수를 주인으로 모시는 너희가 행복하다.

1. 신앙에 대하여

* 준비하지 않은 영혼은 지옥에 갈 수밖에 없다.

* 성전이 너 자신임을 잊지 말라.

* 인도하는 자와 인도받는 자는 모든 좋은 것을 나누어 가져야 한다.

* 건짐을 받는 자가 건지는 자(하나님, 필자 주)를 기쁘시게 해야 하지 않겠
  느냐?

* 누리고 배부른 자는 조금도 주를 섬기지 아니한다.

* 일용할 양식을 준비하시는 아버지.

* 상비약(문제를 해결하는 능력 있는 기도, 필자 주)을 준비하라.

* 기정사실화한 믿음을 견지하라.

* 이전 것은 지나갔으니 보라 새 것이 되었도다.

* 섬김이 무엇인지 배우라.

* 하나님의 나라는 말에 있지 않고 능력에 있다.

* 새 믿음으로 아구를 채우라.

* 성전이 우리 앞에 있는 것을 항상 명심하라.

* 이 믿음이 어디로부터 오냐? 위로부터 오는 것이 아니냐?

* 고독한 믿음이 진정한 믿음이다.

* 우레와 같은 내 목소리를 아느냐?

* 일에나 말에나 주 예수 그리스도의 이름으로 하라.

* 산 자와 죽은 자를 심판하러 오시리라.

* 십자가에 달리신 예수를 바라보라.

* 건짐을 받는 자는 건지는 자를 섬겨야 한다.

예언 노트

* 주인이 하는 그대로 하라.

* 사람들이 영생의 소중함을 모르고 있다.

* 기적이 일어날 것을 믿고 기도하라.

* 보석을 가진 자만이 보석의 진가를 안다.

* 내 마음에 합한 자를 찾고 있다.

* 가족 구원이 우선이다.

* 위로부터 내려오는 능력을 구하라.

* 하나님은 믿음의 무게를 달아 본다.

* 구레네 시몬을 기억하라.

* 비록 몸은 떠나 있으나, 내가 너희와 함께 있다.

* 성분이 높으나 낮으나, 하나님께 충성하는 자는 다 내 제자이다.

* 여호와를 기업으로 삼는 자는 복이 있다.

* 너희가 깊고 오묘한 것을 아느냐?

* 기쁨의 주를 섬기는 것이 얼마나 좋으냐?

* 생명을 사고파는 이들도 있다.

* 구제와 선교에 힘쓰라.

* 십자가에 달리신 예수를 깊이 생각하라.

* 순교자의 희생을 기억하라.

* 육에 속한 사람은 육의 일을 도모한다.

* 복음의 뜻을 깊이 묵상하라.

* 구원받는 수를 늘리는 게 내 뜻이다.

* 기독교의 뿌리는 믿음이다.

* 믿고 순종하는 자를 내가 사랑한다.

* 가슴팍에 보혈의 공로가 새겨져 있나 살펴보라.

* 믿음의 기름칠(기도와 말씀, 필자 주)을 하라.

* 무게를 달아서 가볍지 않도록 해야 한다.

* 저울추가 기울어지지 않게 해야 한다.

* 네 믿음이 구정물에 담기지 않게 하라.

* 나를 위해 수고하는 자들을 내가 축복한다.

* 깊도다, 하나님의 은혜여!

* 제비가 제 새끼를 돌보듯이, 내가 너희들을 돌보겠다.

* 우상이 멀리 있다고 생각하지 말라.

* 내 말은 유서와도 같다.

* 영원히 살아계시는 아버지를 주로 모시는 것이 행복이다.

* 영생의 기쁨이 얼마나 큰지 아느냐?

* 영의 눈을 떠야 길이 열린다.

* 어렵고 힘들지만, 영생의 복이 얼마나 큰지 아느냐?

* 내 나라에는 먹을 것이 많다.

* 지도(성경과 기도, 필자 주)를 가진 자만이 보물(영생, 필자 주)을 찾을 수 있다.

* 기름(성령, 필자 주)도 이틀이 지나면 다 닳는다.

* 부지런히 기도와 말씀으로 나를 찾으라.

* 그리스도를 주로 시인하는 자는 복이 있다.

* 깊지 못한 물(기도와 말씀, 필자, 주)이 금세 더러워진다.

* 네 입을 넓게 열라.

* 네 입을 크게 열라.

* 이 땅에는 기업을 무를 자(예수님, 필자 주)가 없다.

* 신부들의 이름이 하늘에 기록이 된다.

* 기도와 말씀이 십자가에 달린 예수를 만나는 일이다.

* 기초공사(기도와 말씀, 필자 주)는 그 공사를 하는 영혼 안에 내 이름이 숨 겨지게 하는 것이다.

* 일어선 자는 넘어진 자를 도와줘야 한다.

* 이름이 하늘에 기록된 것을 알지 못하느냐?

* 예수님의 이름이 귀한 이름인 줄 모르고 산다.

* 사람은 말과 행위로 하지만, 하나님은 마음을 보신다.

* 영으로 살려고 애써라.

* 여호와는 하나님이시라, 하나님은 사랑이시라. 하나님의 사랑을 본받으 라.

* 믿음으로 새롭게 하라. 땅의 양식을 구하지 말고 하늘의 것을 구하라. 위의 것을 생각하라.

* 지혜가 모자라거든 내게 구하라.

* 하나님의 사랑은 계산되지 않은 사랑이다. 하나님의 사랑은 너를 사랑 하는 자만 사랑하는 것이 아니라 너를 미워하는 자도 사랑하는 것이다.

1. 신앙에 대하여

* 주의 선하심을 맛보아 알지어다.

* 나는 온전한 믿음을 원한다.

* 천국은 하나님을 사랑하고 그 나라를 사모하는 자의 것이다.

* 천국에 들어가는 것이 어렵다.

* 말씀과 기도로 하늘의 양식을 준비하라.

* 참고 기다리라. 인내에는 상이 있다.

* 기름이 없는 다섯 처녀는 세상적인 사람이다. 기름을 가진 다섯 처녀는 말씀과 기도로 무장한 자들이다.

* 세상적이고 마귀적인 우상숭배자와 탐욕자들은 천국에 들어가지 못한다.

* 아무것도 염려하지 말고 기도와 간구로 하나님께 아뢰라. 그러면 모든 지각에 뛰어나신 하나님의 평강이 네 생각과 마음을 지키시리라.

* 너희 모든 행사를 여호와께 맡겨라.

* 항상 감사하라.

* 말씀 안으로 들어가라.

* 하나님이 가장 싫어하시는 것은 형식적인 것이다. 믿음의 선한 싸움을 싸우라.

* 나는 기도하는 영이고 너희를 거룩하게 하는 영이다. 믿음의 선한 싸움을 싸우라.

* 기도와 말씀에 전념하라.

* 믿음에는 마침표가 없다.

* 여호와를 기뻐하는 사람이 되라.

* 약속의 말씀들을 기억하라.

* 속 빈 강정이 되지 말고 알곡으로 천국 잔치에 참여하라.

* 기록한 말씀 밖으로 나가지 말라.

* 세상에는 공짜가 있으나 하나님 나라에는 공짜가 없다.

* 주관적으로 판단하지 말고 믿음의 약속을 붙잡으라.

* 나는 스스로 있는 자이다.

* 여호와는 나의 목자시니 내게 부족함이 없으리로다.

* 임마누엘.

* 구하는 자에게 주시지 않겠느냐?

* 내 안에 거하라, 나도 너희 안에 거하겠다.

* 나는 너희들의 하나님이다.

* 나는 세상의 다른 신과 같지 않다. 나는 구원주이다.

* 순종이 제사보다 낫다.

* 거지 나사로를 기억하라.

* 고난의 주를 묵상하라.

* 나는 항상 너희를 지키는 신이다.

* 구하는 자에게 성령을 주시지 않겠느냐?

* 스스로 경건한 체하지 말라.

* 소망이 없는 자를 위로해 주어라.

* 앞으로 오실 예수 그리스도를 기다리라.

1. 신앙에 대하여

* 나는 너희의 하나님이다. 나를 만난 자는 하나님을 보았다.

* 수고하고 무거운 짐을 지는 것이 믿음이다.

* 네 집에 있는 식구들을 먼저 구원하라.

* 순간순간 찬양하라. 나는 찬양을 좋아한다.

* 가시면류관을 쓰신 예수를 기억하라.

* 나는 너희들이 찾는 예수다.

* 믿음의 선한 싸움을 싸우라.

* 여호와를 경외하는 것이 지혜의 근본이다.

* 지혜를 구하라. 구하면 주시리라.

* 계산된 믿음을 갖지 말라.

* 너희 은사를 계속 계발하라.

* 나는 너희들의 하나님이다.

* 행위로 나를 섬기지 말고 마음을 다하여 찾으라.

* 나를 기억하여 기도하라.

* 주의 거룩하신 이름을 찬양하라.

* 기도와 말씀으로 무장하라.

* 믿음의 선한 싸움을 계속하라.

* 매사에 나를 요청하라.

* 기도와 말씀으로 더욱 무장하라. 생명의 말씀이 이에서 남이라.

* 한번 죽는 것은 정한 이치요, 그 후엔 심판이 있으리라.

* 나는 너희들의 기쁜 소식이다.

* 세미한 음성을 듣기를 힘쓰라.

* 크리스천의 대부분이 하나님을 모르고 있다.

* 크리스천의 대부분이 성령을 모르고 있다.

* 크리스천의 대부분이 시험하는 영에 대해 모르고 있다.

* 예수 그리스도를 깊이 묵상하라.

* 기초 신앙을 튼튼히 하라.

* 너희들의 신앙은 참된 신앙이요 진리이다.

* 기도의 사람, 성령의 사람, 믿음의 사람, 기쁨의 사람, 죽어 가는 사람을 살리는 사람, 교만한 마음을 버리는 사람, 속된 것을 멀리하는 사람, 베푸는 사람이 되어라.

* 성경을 주야로 묵상하라.

* 말씀에 순종하는 사람이 되어라.

* 믿음의 중요성을 깨달으라.

* 내 말에 귀를 기울이고 내 뜻을 잘 살피라.

* 여호와의 말씀을 깊이 묵상하라.

* 말씀과 기도에 착념하라.

* 그리스도의 은혜를 묵상하라.

* 믿음의 선한 싸움을 싸우라.

* 서로 사랑하라.

* 무쇠와 같은 신앙을 유지하라.

* 여호와 하나님은 전지전능, 무소부재, 영원불멸이다.

1. 신앙에 대하여

* 믿음을 새롭게 하라.

* 주의 나라는 말에 있지 않고 능력에 있다.

* 기드온, 호세야, 히스기야, 사무엘의 신앙을 본받으라.

* 예수 그리스도를 구현하라.

* 이세벨의 피를 묵상하라.

* 믿음의 순도를 높이라.

* 소리 나는 꽹과리가 되지 말라.

* 기도와 말씀으로 무장하라, 성령으로 무장하라, 그리스도로 무장하라.

* 영생의 기쁨을 맛보아 알지어다.

* 누구든지 내게 오는 자는 결코 버리지 아니하리라.

* 내 말에 귀를 기울이라.

* 선한 양심을 가지라.

* 기도와 말씀으로 자신을 거룩하게 하라.

* 항상 기뻐하라, 쉬지 말고 기도하라, 범사에 감사하라.

* 믿음은 수박 겉핥기식이 아니다.

* 수가성 여인의 믿음을 본받으라.

* 신앙이 짐이 되지 않도록 조심하라.

* 믿는 자의 대부분이 기초 체력에 대해 모르고 있다.

* 선한 청지기적 사명을 감당하라.

* 수고하고 무거운 짐을 날마다 맡겨라.

* 계속 기도하기를 힘쓰라.

* 세속적인 마음을 버리라.

* 그가 징계받음으로 우리가 평화를 누리도다.

* 수고한 짐을 맡기라.

* 기초 체력을 튼튼히 하는 것이 능력이 오는 비결이다.

* 체험이 없는 신앙은 죽은 신앙이다.

* 신령한 은혜를 구하고, 먼저 욕심을 버려라.

* 예수님의 능력을 사모하라.

* 사람들은 하나님의 일보다 세상의 일을 더 생각한다.

* 예수 그리스도를 깊이 묵상하라, 믿음의 깊이를 더하라.

* 욥의 인내를 보았느냐?

* 수고와 인내를 버리지 말라.

* 마음을 달아 보시는 이가 너희를 살펴보시지 않겠느냐?

* 매사에 주를 인정하라.

* 신앙의 심지를 굳게 하라.

* 네 마음과 뜻을 주께 두라.

* 사람의 계획은 변개하나 주의 계획은 불변하다.

* 시련을 통하여 믿음이 자란다.

* 소는 임자를 알고 나귀는 그 주인의 구유를 알건만, 이스라엘은 알지 못
  하고 나의 백성은 깨닫지 못하도다.

* 세속적이며 종교적인 행위를 버려라.

* 시종일관 주를 의지하라.

* 작은 일에 충성하라.

* 누가 주인의 마음을 시원하게 하겠느냐?

* 생명의 근원인 하나님을 의지하라.

* 신령한 복을 구하라.

* 나는 지혜의 신이다. 지혜를 구하라.

* 진리가 너희를 지배하도록 하라.

* 미련한 자는 마지막이 더디게 온다고 생각한다.

* 시험을 이길 능력을 준비하라.

* 거짓 선지자를 조심하라. 내가 그들을 버렸다.

* 작은 소자에게 한 것이 내게 한 것이다.

* 작은 일에 충성하라. 주께서 가까우시니라.

* 자기의 뜻을 이루지 말고 하나님의 뜻을 이루어라.

* 죄인을 위해 오신 예수를 생각하라.

* 주의 인도하심을 구하라.

* 이전에도 계시고, 지금도 계시고, 장차 오실 이가 말씀하시기를, 시험을
  참는 자가 복이 있다.

* 소망을 품고 주를 사랑하라.

* 수고하고 무거운 짐을 맡겨라.

* 기도와 말씀이 신앙의 뿌리이다.

* 선한 일을 위하여 지음을 받았나니, 임마누엘 하리라.

* 지옥의 권세를 이기신 예수님을 기억하라.

* 영적으로 무장하라.

* 만세 전에 너희들을 택정하여 세웠나니, 선한 것을 추구하고 악한 일을 버려라.

* 시종일관 주를 의지하라.

* 믿음의 선한 싸움을 싸우라.

* 내가 너희와 함께 있다는 것을 잊지 말라.

* 잎은 마르고 꽃은 떨어지나 하나님의 나라는 영원히 있도다.

* 길이요 진리요 생명이신 주를 따라 살라.

* 목이 곧은 자들은 내 이름을 알아내지도 못한다.

* 겉보다도 안이 더 깨끗해야 한다.

* 종말론적인 신앙을 가지라.

* 섬김이 어떤 것인지를 배우라.

* 기도하지 않은 영혼은 지옥행이다.

* 이 샘이 마르지 않도록 하라.

* 기복이 있는 신앙은 위험한 믿음이다.

* 연줄(성령과의 교제, 필자 주)이 끊어지면 기도가 막힌다.

* 일을 지치게 하지 말고 기도와 말씀에 착념하라.

* 起伏(기복)도 시험에서 온다.

* 천국과 지옥은 이해할 수 없는 곳이다.

* 익지 않은 과일(미성숙한 크리스천, 필자 주)이 어찌 맛을 내겠느냐? 어찌 달겠느냐? 거리로 나가 보라. 익지 않은 과일이 널려 있다.

* 골이 빈 영혼들이 많다.

* 영생의 기쁨이 있는지를 늘 확인하라.

* 예수 그리스도의 삶을 이루도록 하라.

* 내 이름이 자신 안에 새겨지도록 하라. 가장 귀한 것은 내 이름이 너희 안에 있는 것이다.

* 십자가에 달리신 예수 그리스도를 만나는 것이 은혜이다.

* 한쪽 눈이 없는 자들(영적인 눈이 희미한 자들, 필자 주)도 있다.

* 주께서 기뻐하시는 일에 네 자신을 드려라.

* 지금의 빛보다 더 밝은 빛을 사모하라.

* 내 귀를 네 귀에 들어 올려라. (내가 듣고 싶어 하는 것을 알라는 뜻, 필자 주)

* 네게 육신의 아버지의 말씀보다 더 중요한 게 하나님의 말씀이다.

* 야훼를 두려워하는 믿음을 지니고 있는지 확인하라.

* 심령이 가난한 자가 내 도를 깨닫게 된다.

* 사도 바울의 믿음을 이해하라.

* 미련한 자들은 내 나라에 들어갈 수 없다.

* 구름에서 나는 소리(하나님의 음성, 필자 주)를 듣느냐?

* 길이 아니면 돌아와야 하느니라.

* 악에게 지지 말라.

* 여호와 이레로 준비한 것이 이리도 많은데, 사람들이 찾아가지 않는다.

* 나를 더욱 기쁘게 하는 자들이 나의 사랑을 입는다.

* 네 마음의 전부를 주께 드리기를 힘쓰라.

* 네 마음의 뜻도 주께 드려라.

* 구하는 것이 무엇을 뜻하는지 살피라.

* 가인의 길을 따라가는 자는 모두 망하리라.

* 죄를 자기 안에 가두고 씻지 않은 자들이 많다.

* 하나님의 이름이 어찌나 큰지, 열이 만을 쫓는다.

* 구름이 너희를 덮을 때 나는 소리를 듣느냐?

* 기독교의 복음을 계속 퍼뜨려라.

* 어느 누가 너희를 신부라고 하더냐?

* 너희 이름이 내 생명책에 기록됨을 아느냐?

* 기복이 있는 믿음은 자리 탓만 한다.

* 기적의 문이 열리기를 기도하고 일어나 빛을 발하라.

* 색이 바라지 않는 믿음을 유지하라.

* 사람들이 하나님의 능력을 과소평가하고 있다.

* 하나님은 사람이 아니다.

* 기회를 잘 사용하라.

* 영생이 딴 곳이 아니라 네 마음속에 있다.

* 영혼의 빛이 삶 속에 비치고 있는지 확인해 보라.

* 여호와가 너희 하나님이신 것이 얼마나 기쁘냐?

* 사람들이 영생의 일을 하려고 하지 않는다.

* 오늘도 신부들의 이름이 하늘에 기록되어 있다.

* 신부의 옷을 입지 않은 자들은 어두운 데 빠진다.

1. 신앙에 대하여

* 개도 주인에게 순종하는데, 개만도 못한 영혼들이 많다.

* 거짓 선지자들을 내 입에서 토하여 내리라.

* 유리가 깨지듯, 믿음도 잘 깨지는 그릇이 있다.

* 기독교는 예수 그리스도를 주인으로 모시는 교회이다.

* 성전은 자기의 것이 아니라, 자기를 위해서 십자가에 못 박히신 예수 그리스도의 몸이다.

* 시간이 임박하지 않도록 등을 예비하라.

* 영생의 일은 지혜가 필요하다.

* 영생의 일은 지극히 영화로운 일이다.

* 시험에 들지 않도록 조심하라.

* 낮고 천한 것이 기독교 사상이다.

* 영의 눈을 떠야 지혜가 보인다.

* 선물이 어디로부터 오는지 늘 확인하라.

* 예수 보혈의 은혜를 늘 깨닫고 있느냐?

* 내 이름이 늘 네 안에 있는지 확인하며 살아라.

* 사람의 뜻은 하나님의 뜻을 이루지 못한다.

* 영의 양식이 풍부한지 확인하라.

* 신령한 은혜를 더욱 사모하라.

* 내가 주는 평안은 이생에서 주는 평안과 다르다. 내가 주는 평안은 수고하고 무거운 짐진 자들이 쉼을 얻는 평안이다.

* 영 중에 악한 영을 구별하라.

* 전지전능한 하나님을 신뢰하고 의뢰하라.

* 신령한 은혜를 더욱 사모하라.

* 시험에 능한 선수를 보느냐?

* 색이 바랜 믿음을 경계하라.

* 여호와를 의뢰하는 것이 지혜의 근본이다.

* 여호와를 의뢰하고 신뢰하라.

* 영혼의 지도를 받는 영혼이 복이 있다.

* 녹이 나지 않는 믿음을 견지하라.

* 예루살렘의 딸들아, 자신을 위하여 울라.

* 일에나 말에나 하나님의 영광을 구하고 주를 기쁘시게 하라.

* 홀로 있을 때 더욱 주를 기려라.

* 내 일은 지혜와 인내로 하는 일들이다.

* 여호와께 지혜를 구하고 인도를 받으라.

* 욥이 인내를 이루고 난 일을 기억하라.

* 영생이 어떤 것인지 알고 이해하라.

* 상한 심령이 나의 말에 순종하는 자들이다.

* 네 성전이 깨끗한지 늘 확인하라. 머리카락 같은 죄도 씻어야 한다.

* 영생에 관한 일이 얼마나 귀하냐?

* 하나님 나라의 일을 죽기까지 사모하라.

* 예복을 입지 않은 자들은 내 나라에 들어갈 수 없다.

* 내게 오는 자들은 주리고 목마르지 않는다.

1. 신앙에 대하여

* 예복이 늘 준비되지 않은 자들은 가시채를 뒷발질하는 것처럼 어려우니라.

* 성경이 주리고 목마른 자들을 위한 영생의 책인 줄 알지 못하느냐?

* 네 지혜로 하지 말고 내 말에 순종하는 자들이 되라.

* 여호와를 기리는 일이 얼마나 기쁘고 즐거우냐?

* 나에 관한 말은 복의 근원이 되는 말이다.

* 영원한 생명을 얻는 것은 이해가 불가능한 일이다.

* 복이 새지 않도록 조심하라.

* 예수 그리스도의 보혈의 의미를 깊이 새겨라.

* 나는 지혜의 신이라는 것을 잊지 말라.

* 죄를 가두지 말고 버려라.

* 그 사랑 안에 들어가는 것이 얼마나 큰일이냐?

* 곰이 주리고 목마른 것을 알 방법이 없다.

* 죄가 주인이 되지 않도록 하라.

* 잠자는 자들이 기도하지 않는 이유는 예수 그리스도의 보혈의 의미를 깨닫지 못했기 때문이다.

* 예수 부활의 사건을 너희는 깨닫고 있느냐?

* 내 지혜는 주리고 목마른 영혼들이 존귀함을 얻기 위한 지혜이다.

* 여호와를 기쁘시게 하는 일은 기적을 경험하는 일이다.

* 매일 기도와 말씀으로 나를 따라오라.

* 하나님의 이름을 부르는 것조차도 예배의 일부이다.

* 계시된 말씀이 지옥의 권세를 이기는 힘이다.

* 사람의 힘으로 능히 할 수 없는 일을 하나님은 능히 하시느니라.

* 논(마음, 필자 주)에 물(성령, 필자 주)을 대야 모(믿음, 필자 주)를 심지.

* 제비(기도응답, 필자 주)도 때가 되면 날아온다.

* 녹이 난 믿음을 철거하라.

* 생명이 어디에나 있는 것이 아니라 지극히 높으신 하나님께만 있느니라.

* 기업이 없는 영혼은 지옥에 간다.

* 예수님께서 십자가에서 피 흘리시고 몸 찢기신 그 능력이 보혈의 의미
   이다.

* 대주재이신 하나님께 지혜를 구하라.

* 대자연을 움직이시고 우주를 움직이시는 하나님께 지혜를 구하라.

* 내 나라의 일은 지극히 아름다운 것이다.

* 주인이 가장 싫어하는 것이 교만이다.

* 신령한 은혜를 늘 사모하라.

* 먼지만 한 자들이 입으로만 "주여, 주여." 한다.

* 내게 오는 자들은 나의 복을 받는다.

* 시험을 이기는 믿음이 어디에서 오는지 아느냐? 기도와 말씀이다.

* 내 사랑 안에 거하지 아니하는 자들은 지옥행이다.

* 교회 안에 기도하지 않는 자들은 지옥에 간다.

* 기회(하나님의 도우심, 필자 주)를 알지 못하는 자들도 있다.

* 먼 곳에 있는 하나님이 아니라 가까이에 있는 하나님을 섬기라.

1. 신앙에 대하여

* 장도 제때에 담가야 맛있다. (기회가 오면 놓치지 말아야 한다, 필자 주)

* 찬양하라, 기도하라, 무장하라.

* 심판 날에 주인을 잃은 영혼들이 기로에 있다.

* 시험을 이기는 길은 믿음뿐이다.

* 전기(믿음, 필자 주)도 빛(열매, 빛)을 내지 못하면 아무 소용이 없다.

* 안 되는 것도 되게 하는 것이 믿음이다.

* 바울이 가치 없는 일에 마음을 두는 것을 경계하였듯이, 사귐이 있는 일
  에 가치를 두고 살아라.

* 네 마음의 중심이 어디에 있는지 늘 확인하라.

* 나를 사랑하는 자는 내 사랑을 입는다.

* 나를 거룩하게 하는 이들이 내 사랑을 입는다.

* 십자가에 달리신 예수 그리스도를 구주로 영접한 영혼이 지혜로운 영혼
  이다.

* 내 이름이 거룩한 것을 늘 고백하고 다녀라.

* 가장 시급한 것이 나를 만나는 것이다.

* 약속한 것을 기다리며, 때가 되면 지체하지 않고 오리라.

* 영에 눈먼 자들이 기도는 안하고 짐만 지고 있다.

* 직분이 나를 섬기는 것이 아니라 오직 기도와 말씀으로 새롭게 함을 입
  은 자들이 내 사랑을 입는다.

* 네 머리로 나를 아는 지식이 아님을 알라.

* 나는 지혜의 신이며 기도의 영이다.

예언 노트

* 영화로운 내 모습을 아는 자들도 없다.

* 자기만 아는 능력을 가지고 있다.

* 사람의 힘으로 내 능력을 과시하지 말라.

* 오직 기도하고 매일 피차 사랑하라.

* 희고 고운 믿음을 유지하라.

* 죄 사함의 의미를 깨달아라.

* 주리고 목마른 영혼이 내 샘의 물을 마시고 있다.

* 나그네로 있을 때 두려움으로 지내라.

* 나중 된 자가 먼저 되고 먼저 된 자가 나중 된다.

* 준비하지 않을 때 인자가 오리라.

* 자기의 의를 드러내지 않는 믿음이 진정한 그리스도인이다.

* 내 명령이 곧 예배이다.

* 영성이 회복된 사람들이 하나님을 만난다.

* 기회를 알고 때를 아는 것이 지혜이다.

* 영의 양식은 매일 공급받아야 한다.

* 진정한 크리스천이 지혜의 소중함을 안다.

* 영생이 어디에 있느냐, 나로부터 나는 것이 아니냐?

* 성경이 기도자의 길임을 알고 열심히 묵상하라.

* 믿음의 진보를 위해 말씀과 기도를 게을리하지 말라.

* 지혜를 사되 팔지는 말라.

* 제비도 먹이(성령의 지도, 필자 주)를 줄 때 가장 빨리 낚아채는 자(열심히

배우고 따르는 자, 필자 주)에게 준다.

* 지혜의 짐은 나눌수록 가볍다.

* 영원히 썩지 아니하는 길을 가라.

* 보이지 않아도 보는 것이 믿음이다.

* 기대하는 믿음이 진정한 믿음이다.

* 짐을 지고 앉아서 내려놓지 않는 성도들이 많다.

* 기회도 족한 자들에게 주어진다.

* 샘도 파 본 사람이 잘 판다.

* 죄보다 더 무서운 것이 시험이다.

* 시험하는 자가 너희에게 와서 너희를 넘어뜨리지 않도록 늘 기도에 힘
  쓰라.

* 영혼의 양식이 늘 필요함을 잊지 말아라.

* 영생의 주인이 아버지임을 알라.

* 나고 죽고 하는 것도 내 수하에 있다.

* 예복을 입지 않은 자들은 내 나라에 들어올 수 없다.

* 자기 앞에 생명의 길이 있는지 늘 확인하라.

* 너희의 무기는 오직 예수 그리스도시다.

* 네가 믿고 있는 예수 그리스도는 지혜의 신이시다.

* 영원한 천국을 잊지 않도록 마음을 다하라.

* 내게로 오는 자들은 내가 늘 주리지 않고 목마르지 않게 하리라.

* 시험 많은 세상에서 주와 함께 동행하며 사는 것에 힘쓰라.

* 앞이 깜깜한 자들이 기도는 안 하고 울고만 있다.

* 오직 기도와 말씀으로 지극히 크신 하나님의 뜻이 무엇인지 이해하라.

* 보내심을 받은 자들은, 보내심을 받은 자의 우편에 서신 이의 뜻을 이루는 것이다.

* 영적인 자들이 영적인 일을 계획한다.

* 아비의 말에 순종하는 자들은 복을 받는다.

* 눈이 먼 자들은 지도자의 명령에 순종한다. (하나님의 뜻이 아니라 목회자의 명령에 생각 없이 따른다는 뜻, 필자 주)

* 옥처럼 단단한 믿음을 소유하라.

* 록 음악에 빠진 자들은 모두 사탄의 자식들이다.

* 이기는 싸움에 지혜롭게 대처하라.

* 영안이 열리면 지도하는 이(성령, 필자 주)의 뜻을 잘 살펴야 한다.

* 녹이 난 믿음을 제거하는 것이 가장 우선이다.

* 학이 곧은 자세로 나는 것을 보았느냐? 이처럼 믿음을 곧추세우라.

* 깊고 오묘한 뜻을 날마다 발견하라.

* 믿고 의지하는 자들이 복을 받는다.

* 학식이 높고 낮음이 아니라 기도와 말씀으로 영생의 길을 가야 한다.

* 복이 어디서 오는지 늘 확인하라.

* 지극히 크신 아버지를 매일 사모하라.

* 아낌없이 모든 걸 허락하시는 주는 너희 하늘 아버지이다.

* 준비하는 믿음이 지혜로운 믿음이다.

1. 신앙에 대하여

* 자기 십자가를 지고 나를 따라오는 자녀들이 내 자녀들이다.

* 녹이 나지 않는 믿음을 유지하라.

* 주인의 뜻이 어디에 있는지 늘 확인하라.

* 찬양이 주는 의미를 잊지 말아야 한다.

* 새롭고 놀라운 은혜를 늘 사모하라.

* 옥처럼 단단한 믿음의 소유자들이 되도록 힘쓰라.

* 기적과 능력을 너무 믿지 말고 시험을 이길 능력을 구하라.

* 정신이 어디에 있는지 늘 확인하며 살아라.

* 소망의 주를 늘 바라보는 것이 믿음이다.

* 희고 고운 옷을 입도록 늘 노력하고 힘쓰라.

* 믿고 구하는 자들은 나를 만날 것이다.

* 용서와 사랑도 가져야 하느니라.

* 십자가에 달리신 구주밖에는 너희를 구원할 자가 없다.

* 성경은 못 박힌 구주를 나타내는 책이다.

* 성결한 믿음으로 주를 섬기기를 힘쓰라.

* 다시는 종의 영을 받지 말고 지혜로운 자들이 되라.

* 시험에 늘 넘어지는 자들은 기도의 강을 넘을 수 없다.

* 가정 복음화를 시작한 자들이 지혜롭다.

* 무엇이 너희를 거룩하게 하느냐? 주 예수 그리스도가 아니냐?

* 소금이 무엇으로 짜게 하리요? 기도와 말씀으로 세상을 변화시키는 그
  릇이 되어라.

예언 노트

* 오직 기도와 말씀으로 지혜로운 종이 되어 아버지의 뜻이 무엇인지 이해하고 예복을 입지 않은 자들은 쉼 없는 기도를 통하여 위로와 평강을 맛본 후에 나를 만날 수 있다.

* 내 어느 때 갈지 모르니, 준비하고 기다리는 것이 복되도다.

* 어려운 것으로 하지 말고 네 아버지께서 주시는 것으로 네 양식을 삼으라.

* 헛된 욕심을 버리고 귀신을 쫓아내고 자녀들을 잘 돌보고 기도와 말씀으로 무장된 자들이 내 나라에 들어올 수 있는 자들이다.

* 심령의 기쁨이 없는 자는 나를 만나지 못한 자이다.

* 성경은 내가 주인이요, 내가 실체이다.

* 할렐루야로 찬송하는 것이 나를 찬송하는 것이다.

* 생명이 있는 일에 마음을 다하고 뜻을 다하라.

* 나고 죽는 모든 일은 내 손에 있다.

* 작은 일에 충성하면 큰일도 있으리라.

* 자기 십자가를 지고 나를 따르지 아니하면 내 나라에 들어오지 못한다.

* 생명이 있는 일에 마음을 다하고 뜻을 다하라.

* 녹슨 믿음은 자기 것이 되고 하늘 아버지의 뜻을 이루지 못한다. 입으로 "주여, 주여." 하는 자들이 이런 것이다. 이런 기도를 하는 자들은 기도의 보혈을 알지 못한다.

* 학이 곧게 서 있는 것처럼 기도와 말씀으로 곧은 신앙을 유지하라.

* 영원히 썩지 아니하는 지혜로운 집을 지어라.

1. 신앙에 대하여

* 살아 있는 동안 기도와 말씀으로 늘 자기를 죽이라, 그렇지 아니하면 네 몸이 네 것이 아니니라.
* 모든 길은 열정이 있어야 한다.
* 이천 년 전에 내가 그리스도인들을 모두 일으켜 세우게 했다. 이 사건은 후세에 양무리의 양들을 귀신의 속박에서 벗어나는 힘이 되었다.
* 가난한 자들에게 복음을 전파하고 하루속히 내가 오도록 기도하고 이 모든 것을 지켜 행하라. 때가 악하니라.
* 옥석이 가려지는 그때가 온다.
* 준비가 안 된 자들이 기도의 일꾼이라고 자칭하기도 한다.
* 지혜와 지식을 모두 겸비한 자들이 되라.
* 작은 일에 충성하라. 그리하면 큰일이 돌아온다.
* 싹이 나지 않는 영혼들을 기다릴 줄 아는 것이 덕목이다.
* 하나님 우편에 앉은 자가 예수 그리스도이다.
* 정산의 날이 얼마 남지 않았다는 것을 알아야 한다.
* 나의 일에 동참하지 않는 자는 귀신의 종이다.
* 아기처럼 순수한 믿음으로 주를 섬기라. 자기의 의를 드러내지 않는 것도 이런 것이다.
* 이천 년 전에 예수님이 구원의 장을 열어 놓았다.
* 좋은 전도를 쉬지 않고 하는 것이 아름다우니라.
* 약속이 남아 있을지라도, 지혜롭지 못한 자들이 기도하는 것을 짐으로 여겨 기도를 잃어버리다가 지옥의 권세에 넘어가느니라.

* 내 이름을 높이고 자기를 낮추며 지혜롭게 기다리며 허락하신 뜻대로 미혹의 영을 쫓고 지옥의 권세에서 자기를 건지신 주를 섬기기 위한 자들이다.

* 양치는 종이 하는 기도훈련은 좋은 훈련 양육법이다.

* 내 말에 순종하는 자들은 땅에서도 복을 받고 지옥의 권세를 이기고 자녀들이 잘되며 허락하신 모든 것을 누리고 모든 일에 형통할 것이다.

* 우리 구주 예수 그리스도께서 귀신의 역사를 도말하고, 주리고 목마른 영혼이 귀신의 속박에서 벗어나 자비롭고 거룩하신 아버지의 품에서 영원히 쉼을 얻도록, 이제도 계시고 전에도 계시고 장차 오실 예수 그리스도의 보혈을 의지하기만 하면 영생의 복이 임하고, 자신을 아끼지 아니하고 우리에게 자신을 내어 주신 예수 그리스도와 함께 모든 것을 주시지 않겠느냐? 지금이 바로 기도할 때요, 은혜 받을 만한 때이다. 지혜롭고 귀신을 쫓아내는 권세를 허락하시며 보혜사 성령을 주셔서 자신을 나타내시며 자기 안에 그리스도를 보이심으로 양들이 우리 안에서 평안하고 우리 주 예수 그리스도를 섬기는 하나님의 자녀로서 주리고 목마르지 아니하도록 날마다 하늘 양식을 공급하시는 하나님의 놀라운 사랑과 예수 그리스도의 은혜를 항상 이 땅에 있는 동안 복을 누리게 하심이라.

* 고난이 네게 유익이란 말을 아느냐?

* 사도 바울의 저서에는 지극히 큰 하나님의 능력이 됨은 기름부음이 충만하다고 기록되어 있다.

* 영원히 살아계신 하나님께 위로를 받으라.

1. 신앙에 대하여

* 주리고 목마른 영혼이 나를 만나고 나서는 새 생명이 넘치리라.

* 준비하지 않은 영혼은 나를 만날 수 없다.

* 위로는 주리고 목마른 영혼에게 샘물과 같다.

* 전쟁의 승리는 나에게 있다.

* 머리로 일하지 말고 기도하고 믿음으로 일하라.

* 영생의 짐을 지는 것이 유익하다.

* 인생 중에서 가장 불쌍한 인생이 그리스도를 모르는 자들이다.

* 카메라 두 대가 돌아간다. (하나님과 악한 영의 카메라, 필자 주)

* 마지막 때에는 불시험이 많다.

* 웃는 사람들은 우는 사람들을 도우며 살아야 한다.

* 모름지기 하나님의 이름이 거룩히 여김을 받으시오며.

* 은혜는 자복하고 회개할 때 나오는 산물이다.

* 은혜는 지옥도 떨게 하는 하나님의 은총이다.

* 영적 양식은 마지막에 나타난다.

* 은혜도 자꾸 받아 본 자가 누린다.

* 거룩함을 잃어버린 성도는 자복하고 회개하여야 한다.

* 거룩함을 잃어버린 성도는 자기 옷을 빨지 않으면 내 나라에 들어갈 수 없다.

* 오직 기도와 말씀으로 내 거룩함을 입어야 하느니라.

* 십자가에 달림이 누구를 위한 것이더냐?

* 눈에 보이는 것으로 만족하지 말라.

* 말씀과 기도로 항상 훈련하라는 것은 우리에게 보혈의 능력이 항상 있게 함이니라.

* 용서는 기독교의 핵심이다.

* 중심을 잃지 않도록 기도와 말씀에 전념하라.

* 기독교의 핵심은 기도와 말씀이다.

* 영생의 소망은 자신이 찾아야 한다.

* 심판주로 오시는 하나님은 두려운 하나님이시다.

* 열매로 나를 기쁘게 하는 자는 기업을 얻게 될 것이다.

* 소금이 맛을 잃으면 어디에 쓰겠느냐?

* 용서하는 일은 기도하는 일보다 더 중요하다.

* 생명이 어디에서 나는지를 생각하라.

* 예수 생명이 있는 곳에는 기쁨이 있다.

* 이름도 없이 빛도 없이 일하는 자들이 기업을 얻을 수 있다.

* 오리발을 내는 자들은 기회를 잃는 것이다.

* 기대하고 일하는 자들이 얻을 수 있다.

* 문제는 자신이 하나님을 찾는 절호의 기회이다.

* 벌에 쏘이고도(귀신들의 공격, 필자 주) 일어나지 않는 자들이 많다.

* 이리(귀신이나 삯꾼 목자, 필자 주)들이 들어와서 잡아가도 모르는 자들이 많다.

* 우물 안 개구리들이 물 밖 세상을 모르는 것처럼, 하나님의 자녀들이 영적 세계를 전혀 모른 채 살고 있고 세상 속에서만 양식을 얻고 있다.

1. 신앙에 대하여

* 내 도구는 가인의 길로 가지 말아야 한다.

* 예배의 모든 기쁨은 나로부터이다. 임마누엘하리라.

* 의심이 많은 자는 얻기를 생각지 말라.

* 자기를 나타내는 자는 내가 없고, 하나님을 나타내는 자는 내가 있다.

* 이 땅에 가정이 무너지는 것은 가정 중심의 신앙이 아니라서 그렇다.

* 가정 중심의 신앙을 세우라.

* 마지막에는 사랑이 식고 가정이 많이 무너진다.

* 내 나라에 오도록 가르치는 자가 내 아들이다.

* 심판주로 오시는 하나님은 십자가에 달리신 예수님이 아니다. 낮은 신
  분이 아니라 왕의 신분으로 오신다.

* 네 생명도 다 내 것이다.

* 고난 없는 믿음은 허수아비이다.

* 불로 연단된 믿음을 소유하라.

* 악한 영은 시험과 올무를 주고, 내가 주는 것은 평강과 희락이다.

* 예수 그리스도는 너희의 비상구이다.

* 보혈의 의미를 자꾸 깨달아야 믿음이 자라난다.

* 도구된 삶이야말로 그리스도인의 삶이다.

* 예배의 도구가 삶의 도구로 이어져야 한다.

* 영혼의 양식도 늘 확인하라.

* 영혼의 양식을 먹는 자들은 육신의 양식도 풍족하다.

* 욥이 인내한 후 받은 영광을 아느냐?

* 육신의 양식이 우선이 되지 않도록 각별히 조심하라.
* 예수 그리스도를 아는 지식은 가장 고상한 지식이다. 목자들이 양에게 젖을 먹이는 심정으로 아끼고 보살핌이 있도록 하는 거룩한 양식이며 이것은 자기의 힘으로 능으로 아닌 아버지의 능력으로 공급되는 살아 움직이는 생명의 양식이 되는 것이다. 계속적인 기도와 말씀을 구하는 것이 지혜로운 이들만이 추구하는 방식이다.
* 새사람을 입은 자, 거듭난 자, 그리스도를 영접한 자가 거룩한 자들이다.
* 돈에 물들지 말고 기도와 말씀이 양식이 되게 하라.
* 예수 그리스도의 영은 고통이나 시험을 주지 않는 평강의 영이시라.
* 목표 달성이 아니라 목적 달성이 되어야 한다.
* 뿌리에 물 주는 자와 잎에 물 주는 자가 있다. 잎에 물 주는 자는 금방 시들어 버린다. 그러므로 뿌리에 물을 주는 자(기초훈련, 필자 주)가 되어야 한다.
* 모든 문제는 밖에 있지 않고 안에 있다.
* 자신의 뜻이 아닌 아버지의 뜻을 구축하라.
* 현세에서도 복을 받는 비결은 아버지의 뜻을 행하는 것이다.
* 보혈의 의미를 깨달아야 믿음이 자라난다.
* 선물이 내려오는 통로를 늘 확인하라.
* 지혜의 근원이 하나님이신 것을 기억하라.
* 복음의 뜻이 무엇인가 이해하고 믿는 자들에게 임하는 아버지의 사랑이

얼마나 온유한가를 깨달으라.

* 용서는 기도하는 자들이 하는 본보기이다.

* 우상을 섬기는 자는 우상과 함께 망하리라.

* 예수 그리스도의 향기를 나타내는 자들이 되라.

* 하나님의 백성은 하나님 안에서만 살 수 있다.

* 욥이 인내를 통과한 후에 복을 받은 것을 보았느냐?

* 믿음은 아래로부터 나는 것이 아니라 위에서부터 오는 것이다.

* 새사람을 입어야 내게 올 수 있다.

* 신랑의 소리를 듣는 자가 복이 있다.

* 내 안에 거하는 자들이 내 사랑을 입는다.

* 지금이 은혜를 받을 때요, 지금이 구원의 날이로다.

* 내일 일을 염려하거나 걱정하지 말고 기도와 말씀으로 예비하신 은혜를
  이루어나가라.

* 모양만 내는 자들은 하나님을 만날 수 없다.

* 무게 중심이 어디에 있는지 살펴보라.

* 선물이 어디에서 오는지 잘 살펴보라.

* 달리는 자들이 상을 얻는다.

* 일어나라 빛을 발하라.

* 구속의 은혜를 항상 깨달아 알지어다.

* 가족이 구원을 받지 못하는 것은 기회를 잃는 것이다.

* 자신의 뜻과 아버지의 뜻을 분별하고 지혜를 구하라.

* 믿음의 순도가 부족함이 없게 하라.

* 범사에 감사하는 자들이 되어 주를 기쁘시게 하는 자들이 되라.

* 내적 평안이 있는지를 항시 확인하라.

* 영적 양식이 부족한지를 늘 확인하라.

* 지혜로운 자들이 내 나라에 오고, 기도하고 물러서지 아니하는 자들이 내 나라에 온다.

* 예배의 모든 동기는 하나님을 찬양하는 것이어야 한다.

* 앞도 못 보는 자들이 기회를 잃고 산다.

* 보이는 것들에 만족하지 말고 보이지 아니하는, 곧 하늘에 있는 것을 사모하라.

* 불구덩이를 생각하라.

* 십자가에 자신을 맡기는 자는 망하지 않고 살리라.

* 믿음의 순도가 떨어지는 것을 항상 경계하라.

* 작은 일이나 큰일이나 주 예수 그리스도의 이름으로 하라.

* 뼛속 깊이 내 말을 새겨 놓고 잊지 말라.

* 창조의 신비도 깨달아야 한다.

* 매사에 구주를 높이는 일에 최선을 다하라.

* 우정을 쌓고자 하는 자들을 나의 나라로 인도하지 아니하면 지옥으로 갈 수밖에 없다.

* 영생의 짐은 나눌수록 가볍다.

* 준비하지 않은 영혼은 지옥으로 갈 수밖에 없다.

1. 신앙에 대하여

* 신부의 마음을 아는 이는 오직 남편이신 예수 그리스도뿐이다.

* 영원한 자리에 오는 자는 다시는 종의 영을 받지 말라.

* 너희를 종처럼 다루지 않겠다.

* 찬송도 기도 못지않은 놀라운 능력이 있고, 그 능력을 알아야 한다.

* 사람들이 열매가 맺지 않는 것은 자기의 꾀에 빠지기 때문이다.

* 녹음이 짙은 여름이 하나님의 창조물이 잘 드러난다.

* 하늘의 양식을 먹고 사는 자들이 되라.

* 믿음의 선한 양심이 있는지 늘 확인하라.

* 내 말이, 서로 사랑하라.

* 내 신부들은 사탄의 앞잡이로 살지 말 것이니라. 내 나라에 올 때 나도
  너희와 함께한다.

* 보이는 것에 만족하지 말고 보이지 않는 영원한 것을 추구하라.

* 거룩히 여김을 받는 일에 동참하는 자들은 천국이 저희 것임이라.

* 천군천사들은 성도의 이름이 하늘에 있는 자들을 돕는 영으로 지혜와
  지식을 넣어 준다.

* 내 나라의 일은 자기의 유익을 구하는 일이 아니다.

* 주인의 마음이 어디에 있는지 항상 살피는 자들이 되라.

* 목이 곧은 자들은 내 나라에 오지 못하고 바깥 어두운 데 거한다.

* 먼저 그의 나라와 그의 의를 구하라.

* 회게 하는(죄를 사하는, 필자 주) 능력이 오직 아버지께만 있다.

* 기독교는 반드시 기초 체력을 가르쳐야 은총이 따른다.

* 교회에 가는 것은 승강장에 가는 것이고, 기도하는 것이 버스표를 사는 것이다.
* 은사는 지혜로운 자들이 좇는 지도의 무기로 사탄과 대적할 수 있는 것이다.
* 내 안에 그리스도를 모시는 것이 기독교의 핵심이다.
* 혹이 기초 체력을 물어보면, 성도의 사람으로 만드는 훈련이라고 말하라.
* 하늘의 신령한 것을 따르는 자는 기회도 따른다.
* 절대 주의 명령에 따르지 않는 자는 기회도 없다는 것을 알고, 기쁨으로 주를 섬기는 자가 은혜를 입고, 모든 짐을 내려놓고 자복하고 회개하는 자들이 나를 만난다.
* 준비하지 않는 자들은 나를 만나지 못하고 바깥 어두움에 버려진다.
* 아버지가 도울 능력이 없는 것이 아니고, 지혜로운 자들은 악한 영들과 싸워 아버지를 만나러 오는 자들이고, 악한 영들이 아버지를 만나러 오지 못하게 방해하는 것이다.
* 자신들의 이름을 드러내지 말고 아버지의 이름이 드러나게 해야 한다.
* 자기 영혼이 멸망하지 않도록 자신과의 싸움에서 이겨라.
* 예언이 중요한 것이, 지도하는 자들이 자기의 생각대로 사역을 하지 않게 하기 위함이다.
* 이 땅에서 배우기를 싫어하는 자들은 지옥에 갈 수밖에 없다.
* 늘 깨어 있는 신부만 살아남는다.

1. 신앙에 대하여

* 영혼에 만족이 없는 자들이 자기 자랑을 많이 한다.

* 어느 때든지 나에게 올 수 있도록 자신을 지켜 우상에서 멀리하라.

* 양심을 도적질하는 자들인 악한 영들에게 속아서 아름다운 일에 중심을 잃지 말고 기쁨으로 주를 섬기다가 내 나라에 오도록 힘쓰라.

* 영원한 나라에 간다는 자부심을 가지고 살아라.

* 은혜가 부족하지 않도록 늘 기도와 말씀을 다하라.

* 내 부탁은, 온 천하에 다니며 복음을 전파하라는 것이다.

* 제사(예배, 필자 주)는 내 중심에 합한 자들이 누리는 복이다.

* 내적 치유는 자기만족이다.

* 종의 멍에를 다시는 메지 말라.

* 자기 문제를 알고 있는 양들은 지혜 있는 양이다.

* 예복을 입지 않은 자는 내 나라에 들어올 수 없다.

* 육신의 양식을 위해 일하지 말고 영생을 위해 일하라.

* 기독교는 지혜로운 종교이다.

* 마음이 지혜롭지 않으면 영혼이 위태롭다.

* 내 생명이 항상 너희에게 있도록 하라.

* 심판주 하나님을 두려워하지 않는 자는 영생의 복을 얻지 못한다.

* 내적 치유는 자기의 문을 열어야 치유가 된다.

* 예언도 폐하고 방언도 폐하나 하나님의 말씀은 영원하리라.

* 인본적인 예언을 방지하는 것은 기도와 말씀이다.

* 너희가 노예로 있을 때를 생각하고 종이 되지 말라.

예언 노트

* 보는 것들에 만족하지 말고 보이지 않는 것들이 훨씬 많다는 것을 알라.

* 성령의 단비를 먹고 사는 자는 지혜로운 자이다.

* 겸손하고 자기를 높이지 않도록 힘쓰라.

* 겸손한 자들이 내 나라에 들어올 수 있다.

* 내 울타리에 있는 것이 가장 안전하다.

* 영원한 나라에 오는 자는 결코 많지 않고 드무니라.

* 신부를 굶기는 남편이 있겠느냐?

* 시와 때는 아버지만이 아시나니, 자고 있지 아니하는 자들이 내 나라에 올 수 있다.

* 먹구름이 걷히고 하나님의 은혜가 임하도록 하라.

* 믿음의 질과 폭을 계속 넓혀라.

* 은혜로운 자들로 항상 내 앞에 서도록 하라.

* 부자가 천국에 들어가는 것이 낙타가 바늘귀로 들어가는 것보다 어렵다는 것을 아는 자가 많지 않다.

* 거룩함을 잃고 사는 자들이 많다.

* 신부의 마음을 아는 이는 예수 그리스도이시다.

* 성령과 대화를 하고 말씀과 대화를 하라.

* 사탄의 능력을 아는 자도 많지 않고 매일 양식을 얻으려는 자도 많지 않다.

* 보혈로 고침을 받지 않은 자들은 나를 만날 수 없다.

* 열매가 없는 자들은 내 나라에 오지 못하고 사귐이 없는 자들도 내 나라

에 오지 못한다.

* 영광스러운 자리에 오도록 항상 힘써라.

* 성경에 있는 대로 나를 따라오는 자는 지혜로운 자이다.

* 나를 만나는 것이 내적 치유이다.

* 동성애자들에게 끌리는 자는 지옥에 간다.

* 에브리데이 크리스천이 되라.

* 네 안의 모든 짐을 내려놓을 때가 내 안에 거할 때이다.

* 축복의 잔을 거머쥐는 것은 지극히 큰 하나님의 은혜이다.

* 재물에 마음을 두지 말라.

* 뒤로 물러나는 자들은 내 나라에 들어오지 못한다.

* 귀신들과 싸워 내 나라에 올 때 상급이 있도록 하라.

* 네 입을 넓게 벌리라.

* 배워서 남 주느냐?

* 사랑이 없는 자들은 하나님께서 부르신 자들이 아니다.

* 지극히 선한 것을 분별하는 자들로 오늘도 살기를 원하노라.

* 기름의 양을 채우기를 쉼 없이 하라.

* 하나님의 뜻대로 부르심을 얻은 자들은 모든 것이 협력하여 선을 이룬다.

* 말씀과 기도로 나를 섬기면 영원히 복을 받는다.

* 선한 일꾼은 자신의 뜻이 아니라 아버지의 뜻을 이루고자 하는 자들이다.

* 일상의 삶에서 나를 만나는 행위가 나를 섬기는 것이다.

* 자기의 문을 열고 나오는 자가 나를 만난다.

예언 노트

* 십자가 사건이 영생의 문임을 알고 날마다 그 문으로 나아오라.

* 좁은 문으로 들어가라.

* 사람들이 자기 주인을 찾는 일에 무지하다.

* 네 안의 성전을 깨끗이 하라.

* 영원한 사랑을 꿈꾸는 자들아 오늘도 평안하라.

* 제 육신의 때를 아는 자가 복이 있다.

* 내 생명을 네 생명과 바꾸었다.

* 하나님께 소망을 두라.

* 히브리서는 예수 그리스도의 본질적인 사상이 들어 있다.

* 바닷물의 소금의 농도를 누가 맞추겠느냐?

* 주인의 무기는 기도와 말씀이다.

* 주인의 마음이 어디에 있는지를 늘 확인하라.

* 하나님의 사랑은 조건 없는 사랑이다.

* 하나님께 소망을 두고 사는 자는 복이 있다.

* 인생의 짐을 맡기는 자는 복이 있다.

* 고린도전후서 - 예배의 삶, 히브리서 - 예수님의 상징

* 형제 우애를 더하라.

* 소금에 절인 배추(겸손, 필자 주)가 되어라.

* 준비하지 않은 자들은 내 나라에 들어오지 못한다.

* 빛의 세계로 나오라.

* 불꽃에 타지 않는 믿음을 가지라.

1. 신앙에 대하여

* 진리가 왜곡되지 않도록 힘을 다하라.

* 방탄복을 입어라.

* 목에 낀 때를 제거하는 것만도 오랜 시간이 걸린다.

* 죽기 직전에 있는 자들이 허다하다.

* 네 마음이 하나님과 합한지를 늘 생각하라.

* 주인과 동행하는 삶이 얼마나 아름다운고?

* 심판대 앞에서 나를 부끄러워하지 않도록 기도와 말씀으로 정진하라.

* 그리스도의 보혈만을 찬양하는 것이 자기의 의를 드러내지 않는 행위이다.

* 임마누엘 하나님과 동행하는 자들은 이 땅에서도 잘되고 하나님께 부끄
  러움을 당하지 아니한다.

* 자신의 임무를 소홀히 하는 자들은 나를 볼 수 없다.

* 내가 내 사랑하는 자를 간택하였다.

* 죄의 덫에 걸리지 않도록 조심하라.

* 으뜸이 되려고 하지 말고 지혜로운 사람이 되려고 하라.

* 울며 겨자 먹기로 신앙생활을 하는 사람도 있다.

* 몸이 중하냐, 생명이 중하냐?

* 기다림으로 얻는 것들이 많으니라.

* 12제자의 사명이 아버지의 이름이 거룩히 여김을 받으시게 하는 것이었
  다.

* 찬송의 의미도 잘 알고 찬송도 기도만큼 중요하다는 것을 알아라.

* 영화로운 자리에 오도록 힘쓰라.

예언 노트

* 교만한 자리에 가지도 말고 나서지도 말라.

* 적이 오는 것을 알고 자기의 의를 드러내지 말고 기도와 말씀에 전념하라.

* 무엇을 먹고 마시든지 주의 일에 힘쓰는 자들이 되라.

* 죄와 싸우는 자들만이 내 나라에 올 수 있다.

* 영혼이 사는 길은 오직 예수 그리스도밖에 없다.

* 마음이 둔해지는 것을 경계하라.

* 죄의 무게는 땅의 저울로 잴 수 없다.

* 마지막 때는 아무도 모르고 아버지만 아신다.

* 헛된 영광을 구하지 않는 자들이 내게 올 수 있다.

* 지혜 없는 자들이 하는 내적 치유

* 열매로 나타날 때에 비로소 내 안에 거하는 증거이다.

* 하나님 안에 있는 자들이 가장 안전하다.

* 강성노조에 붙들린 자들은 악한 영들의 조종을 받는 자들이다.

* 아직 약속이 남아 있는 자라도 내 뜻대로 하지 않으면 버림을 받게 된다.

* 네 안이 깨끗한지 더러운지 날마다 점검해야 한다.

* 찾고 찾으면 나를 만난다는 그 진리를 따르는 자들이 나를 만날 수 있다.

* 거룩한 백성이 가는 곳은 귀신들과 악한 적병들이 없고, 어깨에 지는 짐들이 없는 곳이며, 은혜 받은 자들이 오는 곳으로, 아침의 해같이 빛나서 낮이나 밤이나 항상 똑같은 곳이다. 기도의 자녀들이 모이는 곳으로, 고넬료의 가정들이 오는 곳이다. 임마누엘 하나님과 함께하는 곳이며,

예비된 자들이 오는 곳이고 머리에 면류관이 있는 자들로 예배하는 자들이 오는 곳이다. 이 땅에서 볼 수 없는 진귀한 보물로 가득 찬 나라에서 왕 노릇하는 자들로, 기쁨의 나라에 올 때까지 마귀들과 싸워서 이기는 자들이 만족이 없는 세상에서 사는 길은 오직 기도와 말씀뿐이다.

* 그 말씀이 그 말씀 같고, 이 말씀이 이 말씀 같은 설교는 만들어 낸 설교이다. 자신의 꾀에 빠지지 않도록 조심하라. 앞이 뒤인지 모르고 설교하는 자들도 많다.

* 행함이 없는 믿음은 죽은 믿음인 것을 알고, 자신과의 싸움에서 이기는 자들이 나를 만난다는 것을 알라.

* 범사에 감사하는 것을 생활화하라.

* 주인의 문으로 나아오는 자들은 절대로 망하지 않는다.

* 어깨의 짐을 나에게 와서 맡기는 자는 복을 받고, 모든 짐을 맡기는 것이 기도훈련이다.

* 언제나 모든 것을 나에게 맡기는 것이 좋으니라.

* 내 목장에 있는 자들은 거룩함을 따르는 자들이다.

* 말씀이 육신이 되어 오신 하나님이 우리를 자유롭게 하려 함이니라.

* 자기만족의 신앙생활이 아니라, 은혜가 무엇인지 알고 신앙생활을 하라.

* 하나님의 군대(마하나임, 필자 주)는 하늘의 영광과 존귀를 입은 자들, 나를 사랑하는 자들을 보호한다.

* 거룩한 양식이 항상 있도록 하라.

* 은혜만으로 부족하다는 것을 가르치지 않는다.

* 은혜는 하루도 빠짐없이 받는 것이 원칙이다.

* 지옥처럼 뜨거운 곳은 세상에 없다.

  지옥은 불쌍히 여김을 받지 못하는 자들이 가는 곳으로 어둡기가 칠흑 같고 은혜 받지 못하는 자들이 가는 곳이다. 이 세상에서 먹고 마시는 자들이 가는 곳으로, 성령의 인도하심을 받지 못하는 자들이 가는 곳이다. 천국은 불쌍히 여김을 받은 자들이 가는 곳으로, 은혜 받은 자들이 가는 곳이다. 그곳은 문제나 걱정과 근심이 없는 곳이며 불쌍히 여김을 얻고, 말로 표현할 수 없는 다른 세계로, 아침이나 저녁이나 똑같아 해가 돋을 필요도 저녁이 될 필요도 없고, 자신과의 싸움에서 이긴 자들과 자유와 평강을 맛본 자들이 가는 곳이다. 아버지의 품 안에서 영원토록 쉼을 누리는 자들이 오는 곳이며 영원히 낡아지지 아니하는 곳이다.

* 은혜를 언제 받았는지 모르는 자들이 많다.

* 거짓 교사들이 하는 말에 순종하는 것은 자신도 그들의 편이라는 것을 알려라.

* 성경에 있지도 않은 말들을 맞추기식으로 하는 설교가 많다.

* 죽음을 눈앞에 둔 자들이 기도를 않고 있다.

* 은혜 받은 자들의 특징은 겸손이다.

* 예정론이 잘못된 것을 알고, 내가 하는 교리는 오직 성경이고, 구원관을 헛된 말로 호리는 자는 내가 벌하리라.

* 먼지(죄, 필자 주) 많은 세상에 살 때는 두려움으로 지내고, 내 나라에 와서는 영원히 쉼을 누리는 자들로 살라.

1. 신앙에 대하여

* 기름(성령, 필자 주)이 떨어진 것도 모르는 사람들은 내가 언제 어느 때 갈지 모르므로, 진정으로 예배하는 자들이 나를 만날 것을 알라.
* 이 땅에서 면류관을 받은 자들은 내 나라에서 다시는 상이 없다는 것을 알라.
* 이생의 자랑이 나를 기쁘게 하지 않는다.
* 내 아버지께서 주시는 은혜를 함께 해야 할 자들이 두문불출하고 있다.
* 읽고 있는 성경이 나를 대신하는 것이다.
* 자기의 상을 이미 받은 자들이 많다.
* 하늘 양식을 먹고 배부른 자는 육체의 일을 헛것으로 안다.
* 천국에는 자기의 뜻이 아닌 아버지의 뜻을 이루는 자들이 온다.
* 일꾼은 일에 매이지 않는 자들이다.
* 거짓말하는 자들은 내 나라에 오지 못한다.
* 이마에 인 맞은 자들은 나를 볼 수 없다.
* 보이는 나라에서 얼마나 사는지 생각해 보아라.
* 버스가 지나간 뒤 손드는 것은 아무 소용없다는 것을 기억하라. (기회가 왔어도 이를 잡지 못하면 그냥 지나가 버린다, 필자 주)
* 은으로 살 수 없는 것이 구원이라는 것을 알라.
* 전체 인구 중에 천국에 들어갈 자는 극히 드물다.
* 더 깊은 곳으로 나아가기를 힘쓰라.
* 물(성령, 필자 주)로 나아오는 자들은 나를 만날 수 있다.
* 준비하지 않은 자는, 나도 그들을 모른다.

예언 노트

* 은혜를 받은 자들이 내 거룩함을 받는 자들인 것을 알라.

* 은혜도 받는 사람이 받는다.

* 당 짓는 데 가담하는 자들은 하나님의 나라와 아무런 상관이 없다.

* 천국에는 위로할 이들이 없다.

* 천국은 서 있는 자들이 가는 것이 아니라 전진하는 자들이 들어가는 곳
  이다.

* 기독교의 핵심은 사랑이라는 것도 알라.

* 청함을 받은 자들은 내 나라에 들어올 수가 없다. 택함을 받은 자들이라
  야 내 나라에 들어올 수 있다.

* 이름도 없는 지옥에는 숫자만 있다.

* 자기의 이름이 어느 나라에 있어야 하는지도 모르는 이들이 많다.

* 돈이 사람을 구원하지 못하리니, 돈에 마음이 가 있는 자는 돈으로 망하
  리라.

* 네 민족이 서야 할 길이 이 땅에는 없다는 것을 알고, 자비로운 하나님
  과 손잡는 것이 지혜로운 길이다.

* 지혜로운 하나님을 잘 섬기는 것이 너희의 복이다.

* 만족이 없는 세상에서 사는 길은 오직 믿음뿐이다.

* 지게꾼의 짐을 가볍게 하시는 이는 오직 여호와이시니라.

* 죄 속한 은혜를 아는 자들이 내 나라에 온다.

* 칭찬은 사람들에게 듣는 것이 아니라 하나님께 듣는 것이 안전하다.

* 지극히 큰 하나님의 영광을 볼 수 있는 곳이 천국이다.

1. 신앙에 대하여

* 천국에서 가장 작은 자가 이 땅에서 가장 크다.

* 거룩한 일에 쓰임을 받는 자들은 자신의 뜻에 따르지 않는 자들이다.

* 종은 주인을 닮아야 한다.

* 주인을 무시하는 자들은 모두 지옥 불에 들어간다.

* 유별나게(열정적으로, 필자 주) 믿는 자들이 내 나라에 들어올 수 있다.

* 자기 믿음이 뜨거운지 찬지 모르는 자들이 많다. 지혜로운 자들은 자기
  믿음을 점검하고, 자기가 언제 이 땅을 떠날지 모르므로 이 사실을 염두
  에 둔다.

* 내 나라에 오는 자들이 많다고 말하는 자들은 모두 철부지들이다.

* 지도(성경, 필자 주)를 펴고, 자주 나를 찾아라.

* 나팔수들이 전쟁을 알리는 나팔을 불지 않는다.

* 위에 있는 것을 찾으라.

* 무게를 달 시간이 오기 전에, 지혜로운 사람은 이 땅에서 자기 무게를
  달아 본다.

* 십자가의 도를 무너지게 하는 자들은 내 나라에 들어올 수 없다.

* 심고 거두지 않는 자들도 많다.

* 생명의 법이 사망의 법을 삼켰다.

* 지식으로 나를 찾아오는 자들은 지식으로 망한다.

* 아버지의 목소리를 듣지 않는 자들을 다 불에 던져 사르리라.

* 내 말을 호리는 자도 불 속에 던져 넣는다.

* 건설주(세상을 지으신 하나님, 필자 주)의 말을 깊이 새겨들어라.

* 자신과 이웃을 하나님께 드리는 자가 복이 있다.

* 조금도 염려하지 말고, 어떻게 하면 자신의 임무를 잘 이행할까 생각하라.

* 심판대 앞에서 두려워하지 않는 자들이 내 나라에 들어올 수 있다.

* 건강한 가축이 밥을 많이 먹는다.

* 건강한 자들이 더 먹어야 일을 많이 한다.

* 열심히 주를 섬기는 자들이 내 나라에 들어온다.

* 주인의 문에 오래 서 있는 자들이 복이 있다.

* 나를 얻는 길은 오직 기도와 말씀뿐이다.

* 가지치기를 하지 않는 믿음은 자라지 않는다.

* 십자가를 지고 나를 따르는 자들이 내 나라에 온다.

* 봉사자들은 씻김을 받기를 애쓰고 힘쓰라.

* 신부의 기본자세는 정결이다.

* 사람은 지음을 받은 피조물이라는 것을 잊지 말라.

* 너희는 먼지, 티끌, 헛것이다.

* 의인은 없나니 하나도 없다.

* 죄를 씻기를, 자복하고 회개하여야 한다.

* 기초공사를 하지 않은 집이 무너지듯이, 기도와 말씀의 습관이 없는 자들이 허술하다.

* 직분을 자랑하지 말라.

* 내적 평안이 있어야 외적 평안도 찾아온다.

* 길을 모르면 물어서라도 나를 찾아와야 한다.

* 자신이 누구를 만나야 하는지 모르는 어리석은 자들이 많다.

* 생명의 법이 이긴다는 것도 알라.

* 회개하는 능력이 내게만 있다.

* 천국의 아름다움은 어떤 것과도 비교할 수 없다.

* 언제든지 나를 찾는 자들을 내가 아낀다.

* 자신이 누구의 종인지, 늘 인식하라.

* 자유의 기쁨이 얼마나 큰지는, 하나님을 만나야 알 수 있다.

* 내 말에 청종하는 것이 나를 기쁘게 한다.

* 영원한 천국이 멀리 있지 않고 가까이 있다는 것을 알고, 두려운 믿음으로 주를 섬기라.

* 자기의 눈이 어둡고 깜깜한지 늘 확인하라.

* 사랑이 식지 않는 일꾼이 되라.

* 주인(예수 그리스도, 필자 주)도 기도의 용사였다는 것을 알라.

* 하나님 한 분만으로 만족한다는 각오를 하라.

* 주인도 사람일 때가 있었다는 것을 알라.

* 사람의 낯을 보지 말라.

* 집배원이 아름다운 소식을 가져오지 않느냐? 가장 기쁜 소식은 예수 그리스도께서 죄인을 구원하러 오신 소식이다.

* 성부 하나님과 동행하는 자들이 가장 복된 자들이다.

* 영생이 있는 자들과의 교제는 참으로 아름다운 교제이다.

* 아버지께서 주시는 상은 이 땅에서보다, 영원한 천국에 오는 것이다.

* 나를 거룩하게 섬기는 자들을, 나도 그들을 존귀하게 여긴다.

* 아무것도 염려하지 말고 아버지의 나라에 오도록 날마다 길을 닦아라.

* 주인이 하는 일을 찬성하는 자들이 내 자녀이다.

* 태양이 있어도 빛을 발하지 않으면 열매 없는 자들이다.

* 죄와 싸우는 능력은 하나님에게만 있다.

* 지극히 크신 하나님의 일꾼으로 있는 것은 세상에서 제일 큰 행복이다.

* 영원한 기쁨이 있는 곳으로 오기를 힘쓰라.

* 나는 사람의 생각으로 일하는 것을 원하지 않는다.

* 은혜와 진리 가운데 행하기를 힘쓰라.

* 죄를 가두고 놓지 않는 자들은 내 나라에 들어올 수 없다.

* 나와 언제든지 동행하고, 내 이름을 부르는 자들이 내 나라에 올 수 있
  다.

* 생명의 양식은 항상 비축해 두어야 한다.

* 신앙의 짐은 많을수록 좋다.

* 가정공동체가 중요하다.

* 지체(식구, 필자 주)로 신앙공동체를 이룬 가정이 중요하다.

* 재산에 마음을 두는 자는 내 나라에 들어오지 못한다.

* 내적 평안이 진정한 평안이다.

* 그리스도의 복음이 헛되지 않도록 늘 기도와 말씀에 힘써라.

* 어둡고 깜깜한 나라에 가지 않도록 늘 기도와 말씀에 힘쓰라.

1. 신앙에 대하여

* 멸망의 나라에 가지 않도록 늘 기도와 말씀에 힘쓰라.

* 아버지께서는 누가 죄를 씻는가를 유심히 보고 계시다.

* 죄를 씻지 아니하는 자는 귀신과 같이 사는 자와 같다.

* 아버지를 기쁘게 하는 자는 대로가 열린다.

* 준비하지 않는 자는, 나도 그들을 모른다고 하리라.

* 아버지의 품에 영원토록 쉬도록 나를 붙잡으라.

* 아버지께서는, 진정으로 거룩함을 입은 자들이 아버지의 뜻대로 사는
  것을 기뻐한다.

* 영성에 관한 모든 것을 배우고 가르치는 곳이 영성학교이다.

* 나귀로 살다 지옥에 가는 자들이 불쌍하다.

* 군병들을 키우는 군사학교를 만들라.

* 예수 그리스도로 말미암지 않고는 아무도 죄에서 벗어날 수 없다.

* 오직 하나님만을 경배하는 신앙이 그리스도의 복음이다.

* 네 십자가는 내게 주고, 내 십자가는 네가 지라.

* 아버지를 얻는 것이 인류의 기쁨이다.

* 인류의 큰 기쁨은 예수 그리스도이다.

* 영혼이 사는 진리를 아는 자들이 복된 자들이다.

* 주의 진미를 먹고 마시는 자가 내 나라에 들어올 수 있다.

* 목마른 자들이 내게 오는 것은 은혜를 입은 자들이다.

* 소망의 닻은 항상 올리고 다녀야 한다.

* 주의 진미를 먹고 마시는 자는 복이 있다.

* 하나님과 담을 쌓지 말고 헐어야 한다.

* 회개의 열매를 맺는 자들이 내 나라에 올 수 있다.

* 맡기고 있는지 항상 살펴보라.

* 여호와 이레로 준비하는 것을 믿는지, 알고 있는지 살피라.

* 빛나고 높으신 하나님은 자녀들의 마음이 어디에 있는지 살핀다.

* 들로 나가는 자들은 다 망한다.

* 사울 왕이 교만해서 넘어졌다는 것을 알라.

* 생명샘에 나오는 자들이 주리지 않도록 말씀의 탁월한 지혜를 얻도록
  하라.

* 자신이 우상이 되지 않도록 조심하라.

* 애굽에 있을 때를 생각하라.

* 황금만능의 시대에 사는 너희는, 사도 바울이 말한 생명의 법을 따라야
  한다.

* 주의 뜻을 기록한 말씀이 성경이다.

* 복음에 순종하는 자가 나를 기쁘게 한다.

* 내게 오는 자들은 내 평안을 끼친다.

* 가족 모두의 평안을 끼치는 것도 하나님께 나와야 한다.

* 자신의 눈이 누구에게 순종하는지 알라.

* 엑설런트한 믿음을 갖추라.

* 아름답게 나를 섬기는 자들이 나의 나라에 들어온다.

* 하나님께 받은 은혜는 나누어야 돌아온다.

1. 신앙에 대하여

* 십자가의 은혜를 받아 누리는 자가 복이 있다.

* 매일 기도하고 말씀을 읽어야 양식을 공급받을 수 있다.

* 장의 맛(신앙의 열매, 필자 주)을 내는 권한은 아버지에게 있다.

* 뿌리 깊은 나무가 흔들리지 않음을 알라.

* 잘못을 인정하는 자가 내게 오는 것이다.

* 고백하는 신앙과 독보적인 믿음을 가져라.

* 구원을 얻을 만한 믿음을 얻는 것이 내 뜻이다.

* 어깨춤을 추고 다니는 곳이 천국이다.

* 시편은 인내서(인내를 강조하는 성경, 필자 주)에 가깝다.

* 나를 가지는 자는 온 천하를 가지는 것이다.

* 죄가 있는 자는 나를 만날 수도 볼 수도 없다.

* 사망의 짐은 심판 날에 모아 불에 던져질 것이다.

* 사망의 짐은 멸망하는 자들을 걸려 넘어지게 한다.

* 귀하게 큰 자들은 영혼에 대해 관심이 없는 게 특징이다.

* 양이 눈이 어두운 것은 지혜가 없기 때문이다.

* 이론(신학이론, 필자 주)이 나를 기쁘게 하지 않는다.

* 돈에 나를 팔지 말라.

* 원수를 사랑하라.

* 영원한 나라에 들어가는 것은 결코 쉽지 않다.

* 예수 그리스도의 옷을 입는 자가 나와 함께하리라.

* 자신의 눈물을 닦아 줄 이는 예수 그리스도밖에 없다.

* 만든 이를 섬기는 것이 마땅하지 아니하냐?

* 이 땅의 복음이 완수되는 날에 내가 온다.

* 내 빛이 하나가 될 때 사람들에게 비친다.

* 데이트해 본 자들은 나를 어떻게 섬겨야 할지 알 것이다.

* 자복하고 회개하는 자세를 잃지 말고, 항상 나를 따르는 자들로, 항상
  나와 함께 이 땅에서도 시험을 이기고, 사람들을 변화시키며, 자비로운
  자들로 예수님의 잔을 높이 드는 자들로 이 땅에서 살아라.

* 준비하지 않는 자들은 내 나라에 올 수 없다는 것을 확실하게 알라.

* 준비하지 않는 자들은 지옥밖에 못 간다.

* 시험 많은 세상에서 나 없이 사는 것은, 주인 잃은 강아지가 배고픈 것
  과 같다.

* 아는 것과 행하는 것은 다르다.

* 힌놈 골짜기에 있는 자들은 나를 만나지 못한다.

* 자기를 버리지 않고 나를 만날 수 없다.

* 사귐이 있는 자들이 내게 와서 이르는 말을 내가 듣고 있다.
  다들 열심히, 기쁨으로 주를 섬기면 상이 있다는 것도 알라.

* 자기 뜻대로 되지 않는다고 나를 버리는 자들은 심판대에서 다시 기회
  가 없다.

* 성령의 인도함을 받는 자들은 하나님의 뜻을 알 수 있다.

* 사명감을 왜곡시키는 자들은 지옥에 들어간다.

* 사람의 생명을 살리는 것은 오직 여호와뿐이다.

* 천국은 미지의 세계이며 흥분될 만한 희소가치가 있다.

* 신부의 조건을 청결하게 하라.

* 선생이 지옥에 가면 학생들은 말할 것도 없다.

* 심령의 복을 받은 자가 진짜 복을 받은 자이다.

* 가족들에게 지옥인 가정이 허다하다.

* 시장에서 피리 소리를 듣고도 일어나지 아니하는 자들은 멸망당하게 된
  다.

* 때를 못 얻어도 전도를 하는 것이 내 뜻이다.

* 이 땅에 있는 동안 전도를 하는 것이 내 명령이다.

* 성도의 마음이 아버지를 닮지 않으면 누구의 자식이겠느냐?

* 아버지를 궁금해하지 않는 자식은 내 자식이 아니다.

* 예수피의 권세를 힘입지 않는 자는 세상을 이길 힘이 없다.

* 그리스도의 부활을 믿지 않는 자들은 나를 볼 수 없다.

* 네 안에 그리스도의 보혈이 항상 숨 쉬는지 확인하라.

* 예배는 저 산에서도 아니고 이 산에도 아닌, 자기 안에 있는 하나님을
  기쁘시게 하는 것이며, 이것이 영적 예배니라.

* 나를 경험하지 못한 자는 나를 보지 못한다.

* 죄를 가지고 있는 자는 내 나라에 들어오지 못한다.

* 일과에서 나를 경외하는 시간이 얼마나 되는지를 생각해 보라.

* 나를 본 자는 아버지를 보았다.

* 하나님의 진리를 나누는 것이 얼마나 아름다운고?

예언 노트

* 주의 진리를 힘써 알아라.

* 우리를 그냥 두지 않고 그의 천사들을 보내어 지키시는, 자비롭고 은혜로운 너의 아버지는 예수 그리스도이시다.

* 가족 중에서도 구원받지 못한 가족은 지옥에 갈 수밖에 없다.

* 하나님과 교제하는 자들이 범하기 쉬운 게 거짓말이다.

* 내게 와서 배우는 것은 영생이 따른다는 것을 알라.

* 사랑의 짐을 서로 나누는 것이 좋으니라.

* 사람이 하는 전도는 열매가 없다.

* 영의 양식이 없는 자들이 가는 곳이 지옥이다.

* 나로 말미암지 않고는 아무도 천국에 들어가지 못한다.

* 성경만큼 나를 잘 표현한 게 없다.

* 종착역이 어디인지 모르고 사는 이가 허다하다.

* 받은 말씀을 잘 간직하고 나와 동행하는 자들로, 이 땅을 떠날 때까지 영원히 지키라.

* 영혼의 양식을 주시는 분은 하나님뿐, 마귀는 영혼의 양식을 갉아먹는다.

* 네 민족이 사는 길은 여호와를 의지하는 길밖에 없다는 것을 알라.

* 이성적으로 상식을 전가의 보도처럼 말하는 자들은 하나님에 대한 지식이 없다.

* 하나님께 복을 받은 자들은 복을 소유할 수 있는 가치를 얻은 자들이다.

* 정처 없이 떠돌아다니는 영혼은 나를 만날 수 없다. 나에 관한 사실은 성경에 있는데, 도서관에서 찾듯이 나를 찾고 있다.

1. 신앙에 대하여

* 보이는 것은 잠깐이요, 보이지 않는 것은 영원한 것이다.

* 양심을 지켜라.

* 하나님과 늘 가까이하여야 삶과 영혼이 평안하고 형통하게 된다.

* 한 곳을 파고 두 곳을 파지 않아야 나를 만난다.

* 영혼의 먼지(죄, 필자 주)를 가지고 있으면 나를 만나지 못한다.

* 주인을 사고팔지를 말아라.

* 하나님께 함부로 말하는 자들은 이 땅에서 잘되지 않는다.

* 부끄러움을 당하지 않도록 오직 예수 그리스도로 옷 입으라.

* 용서하는 것을 잘하는 자들이 사랑을 실천하는 것이다.

* 성경관을 흐리게 하는 자들은 지옥에 갈 것이다.

* 나를 가진 자가 이기는 자이다.

* 신부의 도리를 잘 지키는 자들이 내 나라에 들어온다.

* 함께하는 것보다 더 좋은 것이 어디 있느냐?

* 내 영광의 자리에 참여한 자들이 내 나라에 온다는 것을 알라.

* 일어나 나를 보는 자들이 아버지도 보았다. 하나님은 사랑의 피, 생명이
  있는 곳에 어디서나 역사하시는 살아계시는 영이시다.

* 주인이 문에서 기다린다는 것을 알라.

* 돈에 마음을 빼앗기는 자는 생명을 잃을 수 있음을 알라.

* 견주기(비교하기, 필자 주) 신앙도 내게 합당하지 않다.

* 심령을 가난하게 하는 자는 오직 예수 그리스도뿐이다.

* 기도와 말씀이 부족한 자들은 영혼이 쇠약해짐을 알라.

* 성령을 대신해서 나를 가르칠 자가 없다.

* 영보다 육을 중시하는 것은 믿음이 없는 행위이다.

* 준비하지 않는 영혼은 지옥행이다.

* 주의 만찬에 참여한다는 뜻으로 예배를 드려야 한다.

* 나에 대한 지식이 많은 자가 나와 함께한다.

* 네 믿음의 본질이 하늘에 있다.

* 보혈로만 승리한다는 것을 알라.

* 인간이 만든 제도를 가지고 나를 섬기지 않도록 하라.

* 성도의 기쁨은 나로부터 나온다는 것을 알라.

* 내 시험에 통과한 자들은 해보다도 밝은 빛을 비치게 될 것이다.

* 영혼의 샘터가 없는 자들은 아직 나를 만나지 못했기 때문이다.

* 청함을 받은 사람은 많되 택함을 받은 사람은 적다.

* 내 그늘에 피하는 자들은 복이 있다. 영과 육이 쉼을 얻으리라.

* 내 물로 나아오기를 게을리하지 말라.

* 많은 양들이 물 없는 곳에서 나를 찾는다.

* 영문 밖에서 너희를 기다린다.

* 영혼의 목장을 잘 분별하는 것이 지혜이다.

* 양심의 법을 따르지 않는 자는 하나님의 자녀가 아니다.

* 많은 사람들이 내 이름을 거룩히 하는 기도를 하지 않는다.

* 내 이름을 거룩히 여김을 받는 기도를 하면 나도 그들의 편에 서서 돕겠
  다.

1. 신앙에 대하여

* 막다른 골목에서 나를 만나는 자들은 어리석은 자들이다.

* 중심이 어디에 있는지를 항상 확인하라.

* 항상 깨어 있도록 하고, 녹이 난 믿음은 쓸데없다는 것을 알라.

* 여리고 성이 무너지는 데는 시간이 걸린다.

* 앞에 가신 목자 예수 그리스도를 따라가야 한다.

* 경찰은 모든 죄를 밝히지만, 나는 경찰이 알지 못하는 죄까지 밝혀내는 하나님이다.

* 열매 없는 나무는 잘라 버리겠다.

* 영적인 양들은 기름진 양식을 먹어야 한다.

* 가장 소중한 것을 잊고 사는 자들은 멸망하는 짐승이다.

* 네 것이 곧 내 것이다.

* 영혼의 목장이 어디인지 잘 분별하라.

* 종말이 가까이 옴을 알고, 사랑하기를 힘쓰라.

* 악한 영은 시험이 들도록 일을 만들고, 나는 일꾼에게 필요한 모든 것을 갖추게 한다.

* 주인을 기쁘게 하는 자는 영혼이 잘된다.

* 나를 기쁘게 한 자는, 나도 그들을 기쁘게 하겠다.

* 아버지가 없는 자들은 슬피 울며 이를 갈 일이 있으리라.

* 기독교의 진리는 믿음에서 나온다.

* 항상 나에게 와서 배우고, 자는 자들을 나를 찾는 자들로 가르치라.

* 정경(성경, 필자 주)만으로도 나를 충분히 알 수 있다.

* 죄의 무게를 줄여야 한다.

* 눈이 밝아야 다 밝아진다.

* 날마다 십자가를 져야 한다.

* 하나님의 빛으로 세상을 밝히는 자들이 되라.

* 적은 누룩이 은밀하게 퍼진다.

* 예수의 피에 씻지 않고 다른 데에 씻는 자는 지옥에 간다.

* 철두철미한 믿음이 나를 기쁘게 한다.

* 성경에 만들어 놓은 얘기가 어디 있더냐?

* 들에 핀 백합화를 먹이시거늘 하물며 너희일까 보냐?

* 고향에 오는 것은 심판받으러 오는 것이 아니라 안식하러 오는 것이다.

* 이 땅에서 열심히 나를 섬기는 자들은 안식하러 올 것이다.

* 심오한 진리를 깨닫는 데, 왜 시간이 필요치 않겠느냐?

* 머리부터 발끝까지 예수 그리스도의 보혈로 적신 자들이 나를 따라온다.

* 아버지의 인을 받은 자들이 내 나라에 들어올 수 있다.

* 짧은 지혜로 나를 찾는 것은 악한 영들이 주는 교훈이다.

* 포인트(상급, 필자 주)를 많이 적립하는 것이 천국이다.

* 선한 주인을 따르는 것을 마다하는 자들은 지옥에 갈 것이다.

* 주인을 잘 섬기는지를 잘 살피라.

* 가족이 변화되는 것보다 하늘에 오는 것을 더 기뻐하라.

* 자기의 눈물을 닦아 줄 자는 오직 예수 그리스도이시다.

* 갈렙의 믿음이 나를 기쁘게 한다.

1. 신앙에 대하여

* 네 영혼이 둔해지지 않도록 사랑과 진리를 더욱 갈구하라.

* 어두운 눈을 가지고 나를 찾는 자는 맹인이 나를 찾는 것과 같다.

* 애통하는 자를 내가 기뻐하는 것은 자신이 지은 죄를 사함 받을 능력이 나밖에 없기 때문이다.

* 어둠을 밝히는 믿음이 되어야 나를 기쁘게 한다.

* 자신의 죄를 자복하지 않는 자는 지옥에 떨어질 것이다.

* 세상에서 살아계신 하나님을 두려워하지 않는 것은 귀신을 섬기는 자이기 때문이다.

* 나를 가장 신뢰하는 자들이 나를 만나고 잃어버리지 않는다.

* 점치는 자들이 나를 영원히 보지 못할 것은, 지극히 큰 나를 배반하고 우상을 섬기기 때문이다.

* 죄를 사할 권능이 하나님에게만 있다.

* 예수 그리스도를 영접한 자들이 상처를 가지고 사는 것은, 사귐이 없는 기도를 하기 때문이다.

* 사망의 문에서 나를 기다리는 자들은 나를 보지 못한다.

* 죄에 대하여 문제를 삼지 않는 자들은 나를 볼 수 없다.

* 사귐이 없는 자들은 지옥의 어두운 데 떨어진다.

* 육신의 때를 아는 자들이 지혜로운 자이다.

* 예수 그리스도께 자기를 맡기는 자들은 절대로 죽지 않고 살리라.

* 나를 고생해서 만난 자들은 나를 잃어버릴 위험이 적다.

* 서로 사랑하는 것이 자신에게 가장 좋다.

* 고집이 하나님 앞에서 쓸데없다는 것을 알고 나서야 하나님을 만날 수 있다.

* 시집 올 때 가져오는 것은 새 것이다. 그러므로 하나님 앞에 나올 때는 다 버리고 새 마음과 새 옷을 입고 나아오라.

* 가치 있는 일에 열정을 쏟는 자들이 지혜로운 자들이다.

* 빛에 거한 자들이 가는 곳은 어둠이 전혀 없고 시험이나 슬픔도 없다.

* 복음에 순종하는 자를 내가 기뻐한다.

* 영혼에 쉼이 있는지를 확인하라.

* 거슬리는 말도 참을 줄 알아야 한다.

* 매일 영혼에 물 주기를 싫어하는 자는 나를 만나지 못한다.

* 교만한 양들은 나를 보지 못한다. 가장 위험한 이론으로 나를 가르치고 영음만을 고집하고, 실제 삶에서는 나를 공경하지 않는다.

* 자신과의 싸움을 하지 않는 자들은 귀신들의 자리를 높이고, 점쟁이들이 하는 기술적인 가르침으로 나를 가르치고 있다.

* 자기의 욕심을 아버지께 다 내어놓은 자들이 나를 만난다.

* 천국은 사람이 거할 가장 좋은 땅이다.

* 천국에는 사람에게 해를 끼칠 만한 것이 없다.

* 나를 먹고 마시는 자는 영원히 목마르지 않는다.

* 잔치하는 믿음이 좋으니라.

* 넘어져서 일어나지 않는 자들은 약속도 받기 어렵다.

* 하나님의 은혜를 닫고 사는 이들은 지옥에 영원히 살 수밖에 없다.

1. 신앙에 대하여

* 누에에게 뽕잎을 부지런히 주지 않으면 죽고 만다. 자기만족의 결과를 낳는 것이 지옥이다. 누에는 아침저녁으로 뽕잎을 준다.

* 생명만큼 중요한 것이 어디 있느냐? 그러나 자신의 생명이 어디로 가고 있는지 모르는 이들이 허다하다.

* 나는 앉고 서는 것도 모두 알고 있다.

* 새롭게 하는 능력이 나에게만 있고 다른 데는 있지 않다.

* 준비하지 않는 자들이 가는 곳은, 단 한 곳 지옥뿐이다.

* 나를 뿌리지 않는 자는 거둘 것도 없다.

* 나를 먹고 마시는 자는 영원히 목마르지 않는다.

* 네 생명의 본고장이 있는 곳은 하늘에 있지 이 땅이 아니다.

* 나를 공경하는 자들이 가는 곳은 악한 자들을 만날 일이 없다.

* 사람의 이름이 하늘에 있는 자는 죽음을 보지 않는다.

* 자신의 죄를 자복하고, 두려워하는 자를 잡고서야 나를 만날 수 있다.

* 험곡에 가도 두려워하지 말 것은, 내가 너희와 함께함이라.

* 앞에 서신 주를 만나는 곳이 천국이다.

* 성도의 귀는 나의 말을 듣는 능력이 있어야 한다.

* (영적으로) 병이 든 자들이 나를 만나지 못할 것은, 나는 거룩한 자이니라.

* 조건 없이 나를 따르는 자들이 내 양이다.

* 오직 주 예수 그리스도로 말미암아 사는 것을 알고, 조건 없이 나를 따르는 자들이 내 양이다. 무슨 말을 하든지 나를 따라온다.

* 나를 경험하는 자들이 나를 섬긴다.

* 헛된 욕망을 버리고 기도와 말씀으로 나를 섬기면, 영생의 복을 받고 이 땅에서도 잘되고 장수한다.

* 노예 제도(악한 영들의 덫, 필자 주)를 아는 자들은, 내 안에 있는 것이 얼마나 기쁘냐?

* 빛과 사귀는 신앙생활을 하라.

* 영혼이 메마른 자들은 빛이 없이 다닌다.

* 영혼의 빛이 없는 자들은 나를 볼 수 없다.

* 빛이 오는 시간이 더디므로 조는 자들이 많다.

* 하나님을 만나기 위해 어떤 노력도 하지 않는 자들은, 두려운 하나님을 모르기 때문이다.

* 반지를 끼워 주는 능력이 나에게만 있고 아무에게도 없다.

* 예복이 없는 자들이 가는 곳이 지옥이다.

* 죽기 싫은 자들이 가는 곳도 지옥이다.

* 천국은 빛 되신 하나님이 친히 비추시는 곳이다.

* 모든 능력이 나에게만 있고 아무에게도 있지 않다.

* 귀신의 앞잡이로 사는 자들이 가는 곳은 지옥이다.

* 자기의 눈물을 닦아 주는 자는 오직 주 예수 그리스도이시다.

* 땅에 보물을 묻어 놓은 자는 나를 못 만난다.

* 예수께서 오는 것을 기다리는 신앙이 부활 신앙이다.

* 부족한 것을 채우는 능력이 나에게만 있고 다른 이에게는 있지 않다.

* 귀신의 품에 있는 자들이 내게로 오는 것은, 사람의 능력이 아니라 하나

1. 신앙에 대하여

님에게만 있다.

* 이것인지 저것인지 모르는 신앙이 미혹이다.

* 가슴에 십자가를 묻고 나를 따라오라.

* 가짜에게 빼앗겼던 것을 도로 찾기까지 시간이 많이 걸린다.

* 천국에 가는 것은 가족의 품에 안기는 것이다.

* 위법한 자들이 지옥에 간다.

* 보이는 것을 잡으려 하지 말라.

* 대견한 믿음이 나를 기쁘게 한다.

* 짊어지고 다니는 자들은 내려놓으라.

* 창조주를 무시하는 자는 멸망당한다.

* 자급자족하는 믿음이 나를 기쁘게 한다.

* 참된 양식을 구하는 자들이 나를 기쁘게 한다.

* 물리적으로 나를 경배하는 것이 아니고, 마음으로 나를 섬기는 것이 나를 기쁘게 한다.

* 종교적인 자유만이 자유가 아니라, 오직 인격적인 자유가 진정한 자유이다.

* 우리를 인격적으로 다루시는 분이 하나님이시다.

* 바람을 잡는 듯한 믿음은 아무짝에도 쓸모없다.

* 영적 재산이 얼마나 많은지를 보고 판단하라.

* 내게 받은 증거를 가지고 사람을 살리는 일은 지혜로운 일이다.

* 귀에 대고 소리를 질러도 듣지 않는 자들이 있다.

* 자신보다도 나를 더 사랑해야 내가 기뻐하느니라.

* 자신이 지은 죄를 깊이 깨닫게 되는 것이 하나님의 은혜이다.

* 보이는 것에 만족하는 자들은 영적인 자녀가 아니다.

* 아무도 내 시간(하나님의 때, 필자 주)을 재지 못하게 하는 능력이 내게 있다.

* 보이는 것을 좇지 말고 보이지 않는 영원한 것을 향해서 전진하라.

* 위로가 필요한 자들에게는 위로가 약이다.

* 자녀가 하나님을 공경하면 자신을 버려야 한다.

* 나를 두기 싫어하는 자들은 멸망당한다.

* 자식들이 분개할 때는 나는 참고 기다린다. 내가 낳은 자식을 누가 기르겠느냐?

* 사랑이 식지 않는 믿음을 유지하라.

* 절대적인 믿음을 보유한 자들이 나를 만난다.

* 예복을 입지 않은 자들은 나를 보지 못한다.

* 자기의 믿음이 어디에 있는지를 늘 확인하라.

* 네 영혼에 밝은 빛을 비추시는 이는 오직 하나님이심을 알라.

* 성부를 기쁘시게 하는 믿음이 좋으니라.

* 물고기의 본성은 거슬러 올라가는 것이다. (천성을 향해 올라가라, 필자 주)

* 뒤를 돌아보지 않는 믿음이 나를 기쁘게 한다.

* 죄에 대하여 깊이 반성하는 자들이 나를 만날 수 있다.

* 사랑의 짐을 서로 나누어라.

* 내게 와서 매달리는 자는 모두 치료를 받고 미움을 받지 아니한다.

* 성도의 믿음은 아버지 품에 있을 때가 가장 안전하다.

* 원수까지 사랑하라는 것을 알라.

* 영혼의 단비에 적시고 있는 사람은 많지 않다.

* 수아 사람 빌닷이 욥을 괴롭힌 것은 종교적인 사람이었기 때문이다.

* 끝없이 짓는 죄를 다룰 능력이 없는 것을 알라. 그래서 지혜와 명철이
  필요하다.

* 죄를 엄히 다룰 능력이 하나님에게만 있고 사람에게는 없다.

* 나를 이길 능력이 있는 자가 없다.

* 성령께 지도를 받는 자는 복이 있다.

* 소용돌이치는 마음이 아니라 잔잔한 마음이 내가 주는 마음이다.

* 날마다 예수 그리스도의 보혈로 씻지 아니하면 (죄에) 더러워진다.

* 시험에 드는 자들이 가는 곳이 지옥임을 알고, 주님을 따라가는 자들이
  되어라.

* 잘못 판단한 것도 죄이다.

* 모든 생명체를 다스리는 능력이 나에게 있다.

* 성품이 바뀌는 것은 하나님의 고귀한 선물이다.

* 나를 뜨겁게 섬기는 자들이 나를 만난다.

* 소망이 생기지 않아도 감사하는 자들이 나를 만난다.

* 달리기하는 선수들이 마지막에 상을 받지 중간에 받지 않는다.

* 날로 날로 주님을 사랑하는 자들이 되라.

예언 노트

* 정상적인 가지에서 싹이 나지, 병든 가지에서 싹이 나지 않는다.

* 잎이 지고 나야 열매를 맺는다.

* 죄를 용서하는 자는 자기도 용서함을 받는다.

* 생명의 씨를 뿌리는 것을 게을리하지 말라.

* 더러운 이익을 탐하지 말라.

* 영혼의 양식이 얼마나 있는지를 확인하라.

* 종교적인 자들은 아무것도 얻을 게 없다.

* 육체의 가시가 있는 것은 성령을 따르게 하기 위함이다.

* 육과 영이 하나가 되어야 비로소 하나님의 사람이 될 수 있다.

* 내게 집중하지 않는 자들이 마귀에게 속한다.

* 지옥은 망해서 가는 길이다.

* 영혼이 잘되는 것에 관심을 가져라.

* 네가 가진 보배를 지니고 있을 때 악한 영이 훼방하지 않는다.

* 영육 간에 하나가 되어야 나를 경외하는 법을 알 수 있다.

* 변명하는 자는 기회를 얻지 못한다.

* 고난에 무너지는 자들은 믿음이 없는 자들이다.

* 예수피로 긍휼을 얻는 것도 하나님의 은혜이다.

* 기다리는 자들이 없는 곳이 지옥이다.

* 예수님은 자기를 닮은 양들을 가장 기뻐한다.

* 나귀에게 필요한 것이 매이다.

* 예수님은 자기 육체를 따르지 않고 아버지를 따랐다.

1. 신앙에 대하여

\* 내 이름이 성도의 이마에 있다.

\* 우리에 잘 놀고 있는 양을 누가 건드리냐?

\* 종교적인 자들은 지옥에 간다.

\* 갖고 있는 믿음을 잃지 않도록 조심하라.

\* 아버지를 따르는 것을 싫어하는 사람은 지옥에 들어간다.

\* 아버지의 이름이 없는 자들은 악한 영에게 속아 모두 지옥에 간다.

\* 승천한 예수님이 다시 오실 때는 심판주로 오신다.

\* 생체실험은 악한 짓이다. 악한 것에 참여한 자들은 지옥에 떨어진다.

\* 지옥에 가는 이유가, 누구 때문이 아니고 자기 자신의 무지와 어리석음
   때문이다.

\* 새 생명이 탄생할 때 가장 기쁘다.

\* 십일조는 마땅하니라.

\* 이기는 자들이 나를 따라올 수 있다.

\* 내 이름이 악한 지혜를 무너뜨린다.

\* 아낌없이 주는 나를 따라오려면, 오직 성령님께 의지하는 자들이어야
   한다.

\* 은혜로 이 땅에 살다가 내게 오는 것이 가장 안전하다.

\* 올곧게 믿는 자들이 나를 따라올 수 있다.

\* 사망 권세 이기신 주님을 깊이 묵상하라.

\* 천국에는 수고하는 자들이 받을 보물이 가득하다.

\* 한 가정에 두 주인을 모시고 있는 것이 내게 합당하지 않다.

예언 노트

\* 마지막까지 잘 견딘 자들이 나를 볼 수 있다.

\* 내가 올 줄 알고 기다리는 자들이 복이 있다.

\* 주인에게 심판을 받는 자들은 불법을 저지르고 악한 일에 쓰임을 받는 자들이다.

\* 하늘로부터 오는 양식을 구하지 않는 자들이 가는 곳이 지옥이다.

\* 나를 배우지 않는 자들은 모두 멸망할 것이다.

\* 항상 내 곁에 있는 것이 안전하다.

\* 내 이름이 악한 지혜를 무너뜨린다.

\* 곤충이 새 옷을 입고 나오는 것처럼 너희도 그렇게 하라.

\* 예배하지 아니하면 모두 멸망한다.

\* 더러운 게 붙지 않도록 항상 예수피로 점철된 신앙을 유지하라.

\* 드라이(dry)한 믿음이 나를 기쁘게 하지 못한다.

\* 위반을 하는 자(죄를 짓는 자, 필자 주)를 옥에 가둔다(지옥에 던져진다, 필자 주)는 것도 알라.

\* 나를 대할 때는 항상 거룩해야 한다.

\* 그리스도를 깊이 이해하는 자들이 나를 따른다.

\* 맡기지 않는 것도 죄이다.

\* 율법주의자들은 가정에서 나를 섬기지 않는다.

\* 아버지의 품으로 오는 자들은 모두 순종하는 양들이다.

\* 매미에게 우는 능력을 주는 이는 하나님이시고, 하나님은 못하실 것이 없다.

* 시험에 넘어진 자가 빈집(성령이 없는 자, 필자 주)이다.

* 인을 떼는 자(예수님, 필자 주)를 무서워하라.

* 하나님은 인생(사람, 필자 주)이 하나님을 품지 않으면 살 수 없도록 창조
  하셨다.

* 자기 죄를 씻지 않는 자는 더럽고, 자기 죄를 씻는 자는 희고 깨끗하다.

* 하나님은 인간에 대한 애착이 강하시다. 그래서 스스로 이 땅에 오셔서
  십자가의 고통을 지시고 우리의 죄를 담당하셨다.

* 하나님을 만난 자는 율법에 매이지 않는다.

* 나를 사지 않으면 모두 망한다.

* 높임을 받는 자들이 가는 곳이 지옥이다.

* 예수 안에 있는 자는 불쌍히 여김을 받는다.

* 자기 눈물을 닦아 주는 자(예수님, 필자 주)를 두려워하라.

* 내 잔치에 오는 자는 사람을 보지 않고 영혼을 보는 자이다.

* 가정에서 나를 섬기는 자들이 늘어난다.

* 장소에 관계없이 나를 섬기고 있는 것이 잘하는 것이다.

* 수건이 덮여 있는 것도 모르고 다니는 자들이 많다.

* 자로 잰 듯한 믿음이 나를 기쁘게 한다.

* 선지자(혹은 예언자)를 두는 것은 하나님의 뜻을 알려서, 지옥 갈 영혼들
  을 살려서, 아버지의 품으로 돌아오게 하려 함이라.

* 아버지께 돌아오는 자들은 모두 죽지 않고 살리라.

* 영접기도를 하고나서 구원받는지는, 나를 보고서야(심판대에 서 봐야, 필

자 주) 알 수 있다.

* 내 그림자를 밟고 다니는 자가 복이 있다.

* 종교적인 자들은 믿음이 없고 지혜롭지 못하여 하늘에서 오는 양식을 얻지 못하며, 자기 앞길을 인도하는 지혜를 따르지 아니하고, 이 땅에서 잘되는 일만을 일삼고 있는 자들이다.

* 죄 사함을 받는 일들이 얼마나 큰지 아느냐?

* 어느 신이 하나님을 직접 세상에 보내서서 구원을 허락하셨는지 알아보고, 이 세상의 신이 희고 고운 옷을 지어 입히는지도 알아보라.

* 자신의 믿음을 한 번도 테스트하지 않는 자들은 지혜롭지 못한 자들이다.

* 훈련을 받는 것에 만족하지 말고, 자신을 살피는 일에 더욱 전념하라.

* 생생한 뉴스를 알려 주는 것도 은혜가 아니냐?

* 주가 쓰시는 자는 누구를 막론하고 새것을 쓰신다.

* 그리스도를 명백히 유지하는 믿음으로 나아가라.

* 다윗을 도구로 쓴 것은 겸손 때문이다.

* 세상의 것들을 사랑하는 것이 마귀에게 절하는 것이다.

* 깨끗한 오일(기름)을 준비하라.

* 나를 얻기에 애쓰지 아니하는 자는 어리석은 자들이다.

* 복의 근원이신 하나님을 따르는 것이 얼마나 복되냐?

* 내가 주는 물은 달고 쓰지 않다.

* 홍해를 가르는 능력이 나에게만 있고, 아무에게도 있지 않다.

* 먹으라는 것(영적 양식, 필자 주)은 안 먹고, 먹지 말라는 것(죄, 필자 주)만

1. 신앙에 대하여

먹는다.

* 불로 태우는 지혜(죄가 태워져 재가 되는 지혜, 필자 주), 아름다운 지혜를 가진 자들이 나를 따르고 있다.

* 나무를 자르는(베어 버리는, 필자 주) 능력이 도끼(하나님, 필자 주)에 있다.

* 믿음의 땅에 들어오는 자들은 믿음이 있는 자들이다.

* 자기 기름을 가지고 오는 자들만이 내 나라에 들어올 수 있다.

* 자기 눈물을 닦아 주는 자를 섬기는 것이 마땅하지 아니하냐?

* 진리를 두지 아니하는 영혼은 망하리라.

* 죄를 사고파는 영적 세계도 있다.

* 항생제를 먹고는 살 수 없고 주인에게 와야 살 수 있다.

* 나를 가진 자가 가장 큰 영적 자산이다.

* 영생이 있다는 것이 얼마나 좋으냐?

* 나에게 맡기는 것이 영생의 본질이다.

* 償(상)이 빠진 경기는, 아버지가 기뻐하는 경기가 아니다.

* 점검을 하는 믿음이 안전하다.

* 그릇을 씻는 것은 귀한 것을 담기 위해서이다.

* 기름을 붓지 않고는 불이 타지 않는 것같이, 날마다 기름을 보충하고 나를 찾는 것을 게을리하지 말라.

* 열매를 추수할 때야 비로소, 내가 누구인지 알 수 있다.

* 열매 맺는 자가 나를 기쁘게 한다.

* 종교적인 사람들은 희생적인 신앙 행위를 자기만족으로 삼는다.

* 말씀과 성령으로.

* 믿음은 날마다 채우지 않으면 사라진다.

* 내 교회를 세우는 자를 기뻐한다.

* 훈련이 안 된 자는 넘어지는 것이 당연하다.

* 물에 탄 포도주는 좋지 않고 썩게 되어 있다.

* 결과적인 믿음이 되어야지 과정에 그쳐서는 안 된다.

* 나를 따르지 않는 자들은 다 지옥에 간다.

* 종교적인 자는 하나님의 뜻에 순종하지 않는 자이다.

* 하나님은 수술을 하라고 하시지만, 악한 영들은 싸매고 다니라고 하고
  있다.

* 기초에서 틀리면 모든 것이 어긋난다.

* 술(성령, 필자 주)로 배부름을 가르치는 자는 천국에서 상이 있다.

* 이 땅에서 잘되는 것을 추구하는 자들은 멸망한다.

* 높고 높은 지혜를 가진 자는 복되고 복되도다.

* 내 세상에 가서는 쉬고 일하지 않는다.

* 유보적인 믿음은 내가 원치 않는다.

* 복종하지 않는 것은 귀신의 일에 참여하는 것이다.

* 죽은 일을 하는 자는 지옥에 간다.

* 목을 곧게 하고는 아무것도 얻을 수 없다.

* 고난에 참여하는 자들이 나를 경외한다.

* 영혼이 함께하는 지혜는 하나님께서 주신 것이다.

1. 신앙에 대하여

* 하나님께 자신을 온전히 맡기는 것이 믿음이다.

* 종교주의자들은 바람에 날리는 겨에 불과하다.

* 영성학교에 오는 사람들은 응급환자이니 잘 돌보거라.

* 하나님을 따르기를 싫어하는 자는 아무것도 줄 수 없고 마지막에는 지옥이다.

* 하나님은 교인의 숫자가 구름떼처럼 몰려드는 것을 세지 않고, 천국의 숫자를 세고 있다.

* 영성학교에서는 아이들일지라도 귀신이 무서워하는 기도를 하고 있다.

* 떡을 가지는 자는 항상 배부르다.

* 내 속을 썩이는 자는 천국에 들어오지 못한다.

* 살아 있다고 하는 자들은 더 기도하여 성령을 의지하여야 나를 볼 수 있다.

* 나는 성경에 있는 그대로 일하는 하나님이다.

* 물로 나아오는 자들만이 복을 받는다.

* 주인의 품에 있을 때가 가장 안전하다.

* 주인의 무기를 가지지 않는 자는 모두 망한다.

* 피 흘림이 없이는 죄 사함도 없다.

* 죄송한 믿음이 나를 기쁘게 한다.

* 나를 만나지 않는 자는 지옥에 갈 것이다.

* 겸손하게 나에게 나오는 자를 내가 만난다.

* 불로 심판하지 않는 것은 오직 믿음뿐이다.

* 아름다운 나라를 유업으로 주기 위해 가르치고 지키게 함이라.

* 흰옷 입은 자들은 상하지 않게 보호하리라.

* 생명의 젖을 먹고 있는지 항상 점검하라.

* 북을 쳐도 일어나지 않는 자들은 내버려 둬라.

* 아무것도 걱정하고 염려하지 말고, 심판대 앞에서 예수님께 외면받는 것을 두려워하라.

* 좋은 예배는 나를 두려워하는 것이다.

* 순금이 귀하지 아니하냐? 순금의 비밀을 가지고 너희들을 가르친다.

* 비둘기를 가진 자는 복이 있다.

1. 신앙에 대하여

# 2.
# 기도에 대하여

* 기도로써 나를 만날 수 있다.

* 기초 신앙을 튼튼히 하라.

* 조급한 마음을 갖지 않도록 기도하라.

* 정신을 집중시키고 기도하라.

* 야곱의 기도를 배우라.

* 영안이 열리기를 기도하라.

* 믿음의 선한 싸움을 싸우라.

* 늘 내 옆에 있기를 기도하라.

* 작은 일에 신경 쓰지 말고 기도하라.

* 늘 네 옆에 있기를 기도하라.

* 너희 가족 중에 하나님을 믿지 않는 자들을 위해 기도하라.

* 죄가 너를 사로잡지 않도록 기도하라.

* 마가 다락방의 기도를 유지하라.

* 고민하지 말고 기도하라.

* 조국의 미래를 위해 기도하라.

* 기도의 샘을 파라.

* 기대하고 기도하라.

* 밤이 이르기 전에 기도하고 말씀을 전파하라.

* 마지막 때에 내 종을 모으리라.

* 죄가 기도를 방해하고 옳은 데로 돌아오지 못하게 한다.

* 나머지 일들은 내게 맡기고 너희들은 기도나 해라.

* 자고 일어나지 못하는 이들을 위해 기도하라.

* 사람의 힘으로 안 되는 것들을 위해 기도하라.

* 기도하지 않는 영혼은 죽은 영혼이다.

* 기도가 시계처럼 돌아가야 한다.

* 고난과 기도는 정비례한다.

* 기도하지 않는 것이 죄이다.

* 기도는 모든 것의 열쇠이다.

* 기도는 신령한 은혜가 내려오는 통로이다.

* 죽네 사네 하는 사람들의 문제를 위해 기도하라.

* 기도가 삶의 원동력이다.

* 기도의 중심을 잃지 않도록 하라.

* 기도가 수고한 짐을 더는 것이다.

* 기도가 내 생명을 얻는 능력이다.

* 기도가 시험을 이기는 능력이다.

2. 기도에 대하여

* 기도가 인내고 인내가 기도이다.

* 기도는 주인을 섬기는 것이다.

* 기도는 자신을 낮추는 것이다.

* 쉼이 없는 기도를 계속하라.

* 기도란 자신을 죽이는 것이다.

* 기도란 고난 속에서 주인을 되찾는 것이다.

* 기도로 시작하고 기도로 끝맺어라.

* 나도 기도하는 종이었다.

* 기도가 죽은 영혼을 살린다.

* 여리고성을 무너뜨리라.

* 계속 기도하여 자는 자들을 깨워라.

* 열이 기도하면 만을 쫓는다.

* 기도가 쉽지 않지만, 기도는 지옥의 권세를 깨뜨린다.

* 일회용 기도를 하지 말라.

* 일회적인 기도를 하지 말고 항상 기도하라.

* 기도가 지렛대이다.

* 기도하는 이유는 아버지를 섬기는 것이다.

* 노를 다스리지 못하면 도리어 기도가 막힐 뿐이다.

* 열에 아홉은 기도를 게을리한다.

* 일회적인 기도를 하지 말고 수시로 기도하라.

* 선한 이웃을 위해 기도하라.

예언 노트

* 마음의 화는 기도하여 다스려라.

* 자고 일어나지 못하는 자를 위하여 기도하라.

* 기도를 방해하는 악한 영을 물리쳐라.

* 기도가 선한 이웃을 구원시킨다.

* 가룟 유다를 기억하라. 그는 기도를 하지 않았다.

* 자고 쉬는 것이 좋으나 기도를 쉬지 않도록 하라.

* 자신을 위해 기도하지 말라.

* 기도가 주리고 목마른 영혼을 살린다.

* 세움을 받기 위해 기도하라.

* 내가 구하는 제사는 상한 심령이다.

* 고민이나 염려를 털어놓으라.

* 서로를 위해 기도하고 밤이 이르기 전에 기도하라.

* 사귐이 있는 기도를 하라.

* 시험에서 이길 능력을 구하라.

* 정결한 마음으로 기도하라.

* 조국의 미래를 위해 기도하라.

* 무엇이든지 기도로 하라.

* 가족의 구원을 위해 기도하라.

* 영생의 복을 얻는 것이 기도의 본질이다.

* 선한 일에 마음을 다하고 기도로 이겨 내라.

* 열에 아홉은 기도를 쉬고 있거나 하지 않는다.

2. 기도에 대하여

* 기도를 쉬지 않고 하는 것이 모든 일보다 더 중요하다.

* 사도 바울도 기도의 사람이었다.

* 일회적으로 기도하지 말고 시간 나는 대로 기도하라.

* 연애하는 마음으로 기도하라.

* 쉼이 없는 기도로 지혜를 얻으라.

* 사무엘 선지자도 쉼이 없는 기도를 하였다.

* 죄로 말미암아 기도가 단절되지 않도록 하라.

* 장소를 문제 삼지 말고 기도하라.

* 네 민족의 장래를 위하여 기도하라.

* 네 조국을 위해 기도하라.

* 기도하는 자는 지혜가 있어야 한다.

* 시험에 빠지지 않게 늘 깨어 기도하라.

* 기도란 자신을 내려놓는 것이다.

* 네 일을 기도로 채우라.

* 네 믿음의 진보를 위해 기도하라.

* 사귐이 있는 기도와 주를 경외하는 믿음이 너희를 살린다.

* 쉼이 없는 기도를 지속하라.

* 기도하는 일이 녹을 닦는 일이다.

* 시험을 두려워 말고 기도로써 이겨 내라.

* 믿고 구하는 것은 받으리라.

* 기도만이 문제해결의 열쇠이다.

예언 노트

* 고통이 따르더라도 기도하고 기다리라.

* 가족 모두가 구원받기를 기도하라.

* 가지가 열매 맺도록 기도하라.

* 오직 기도하고 문제를 다루는 능력을 구하라.

* 기도로만 이 길을 갈 수 있다.

* 기도는 믿음의 산물이다.

* 기도는 지도를 모토로 한다.

* 두려워하지 말고 기도로 이기라.

* 연줄의 상태(기도의 깊이, 필자 주)가 연 높이(영적 능력, 필자 주)를 결정한다.

* 노 젓듯이 기도하라.

* 기도하고 일을 하는 것이 순서이다.

* 정도의 차이는 있지만, 기도는 자기의 주인을 찾는 것이다.

* 심판의 날이 이르기 전에 기도하라.

* 비전을 가지고 기도하라.

* 기도하지 않은 영혼은 기억할 수 없다.

* 거리로 나가 보라, 기도하지 않은 영들이 널려 있다.

* 덫에 걸리지 않게 기도하라.

* 믿음은 선물인데, 기도하지 않으면 기억할 수 없다.

* 중이 제 머리 못 깎는다. (기도는 지도가 필요하다, 필자 주)

* 생수의 강이 넘치도록 기도하라.

* 평강의 왕이 오시기를 기도하라.

* 정신을 집중하여 기도하라.

* 모든 일에 오직 기도와 간구로 너희 하나님께 아뢰라.

* 성전에 기도의 강이 넘치도록 하라.

* 성령을 모시는 기도를 하라.

* 잔술(찔끔찔끔 하는 기도, 필자 주)에 배가 부르냐?

* 선지자들의 기도 방식(전심으로 기도하고 쉬지 않고 기도하는 것, 필자 주)을
  이용하라.

* 미움이 싹트지 않게 기도하라.

* 눈에는 눈, 이에는 이로 하지 말고 기도로 다스리라.

* 기도하지 않으면 성전에 지옥의 권세가 담긴다.

* 아버지의 뜻이 완성되기를 기도하라.

* 문들이 닫힐 때가 오나니, 문들이 닫히기 전에 기도하라.

* 녹이 슬지 않게 기도하라.

* 내 말이 죽기를 각오하고 기도하는 것이 아니냐?

* 미련한 곰들이 기도를 하지 않고 있다.

* 사귐이 있는 기도로 주를 섬기라.

* 더욱 기도에 직진하라.

* 이웃을 위해 기도하라.

* 기도에 더욱 매진하라.

* 매를 들어야 기도한다.

* 선물이 항상 있기를 기도하라.

예언 노트

* 샘물이 늘 솟아나기를 기도하라.

* 시종일관 기도하는 삶을 추구하라.

* 믿음의 순도를 높이고, 기적이 일어나기를 기도하라.

* 기쁨이 유지되도록 기도하라.

* 기적을 기도하고 이루어라.

* 작은 일에 기도하고 서로 사랑하라.

* 문지방이 닳도록 기도하라.

* 믿음이 없는 자에게 이해시키려 하지 말고 기도하라.

* 기도의 원리는 하나님을 찾는 것이다.

* 의인의 기도는 역사함이 강하다.

* 마음에 미움이 싹트기 전에 기도하라.

* 미움이 증폭되기 전에 기도하라.

* 기도가 없기 때문에 기쁨이 사라진다.

* 조카 롯을 구한 아브라함이 있다.

* 영이 지치고 힘들면 기도로 이겨라.

* 짐 된다고 기도를 안 하면 기도가 막힌다.

* 기도하면 이루어진다고 믿고 기도하라.

* 녹이 슬지 않도록 기도하라.

* 믿음의 순도를 높이기 위해 기도하라.

* 샘물이 솟아나도록 기도하라.

* 만족이 없는 것을 알아야 기도를 한다.

* 기도가 막히면 지옥이 따로 없다.

* 기도하는 것을 잊고 있다가 지옥에 간다.

* 중들이 기도하는 것을 배우라. 밤이 새기 전까지 기도한다.

* "다오, 다오." 하는 기도를 하지 말고, 주께서 기뻐하시는 기도를 하라.

* 얍복강가에서 죽기를 각오하고 기도한 야곱을 묵상하라.

* 목적이 없는 기도를 하지 말고, 기도한 대로 이루어지라고 하는 믿음을 갖고 기도하라.

* 많이 기도할지라도 듣지 않는 이유를 알겠느냐?

* 섬들이 일어나기 전에 기도하라. (종말의 사건, 필자 주)

* 성령이 계시기를 늘 기도하라.

* 돈이 있도록 기도하지 말고, 믿음이 있도록 기도하라.

* 지도는 내가 하고 기도는 네가 해라.

* 기름칠(기도, 필자 주)을 해 두지 않으면 금방 녹이 슨다.

* 믿고 구하는 자에게 주시지 않을 아버지가 어디 있겠느냐?

* 조국의 미래를 위해 기도하라.

* 믿고 구하는 대로 주실 이가 누구시냐?

* 오직 기도로써 모든 것을 이겨 내라.

* 기도의 강을 건너는 게 무엇보다 중요하다.

* 怒(노)가 일어나지 않기를 기도하라.

* 믿지도 않고 기도해야 무슨 소용이 있겠느냐?

* 고목나무에 꽃이 피기까지 기도하라.

* 기도하는 일이 짐이 되지만, 기도하지 않으면 마귀의 밥이 된다.

* 기도가 좋고 나쁘고가 아니고, 잊지 않고 하는 것이 기도이다.

* 교만이 기도를 막는 최고의 적이다.

* 미지의 세계를 기도로 연다.

* 모두가 기도의 강을 건너서 지극히 높으신 하나님을 뵙도록 하라.

* 만짐(위로, 격려, 인도, 지도, 교제, 필자 주)이 있는 기도를 하라.

* 짐이 된다고 기도를 안 하면 지혜도 없느니라.

* 식구들이 믿음이 일어나기를 기도하라.

* 부리는 영들(천사, 필자 주)이 기도하는 영들을 돕고 있다.

* 적도 지방에서 수고하는 선교사를 위해 기도하라.

* 頻度(빈도) 있는 기도(자주 기도하는 것, 필자 주)를 하라.

* 적도에서 일하는 형제들을 위해 기도하라.

* 믿음이 순조롭지 못한 자들을 위해 기도하라.

* 미움이 싹트기 전에 기도하라, 그렇지 않으면 기도가 막히고 위로할 성령도 없어진다.

* 신부는 늘 기도를 해서 기름(성령, 필자 주)을 채워야 한다.

* 성령이 늘 내주하여 있기를 기도하라.

* 전심으로 기도하고 이루어질 것을 믿고 기도하라.

* 미문에서 구걸하는 이를 보았느냐? 기도하면 이러한 일이 이루어진다.

* 사랑이 식지 않도록 기도하라.

* 받고서 주지 못하는 자들을 위해 기도하라.

2. 기도에 대하여

* 오직 기도하고 말씀으로 이룩하라.

* 보릿고개를 아느냐? 기도도 먹고 살기 힘들어야 한다.

* 걱정과 염려를 하는 것은 기도를 하지 않아서 오는 것이다.

* 깊이 기도하지 않는 자들은 하나님을 만날 수 없다.

* 기독교의 사상은 기도를 전부로 한다.

* 기도하고 이루어짐을 보라.

* 기도의 불씨를 꺼뜨리면 어둠이 찾아온다.

* 문들이 닫히기 전에 기도하라.

* 기도를 하는 모습은 정말 아름다운 모습이다.

* 돈 주고 못 고치는 병들이 기도로 낫는다.

* 나로 말미암지 않고는, 기도의 강을 건널 수 없다.

* 기도는 좋고 싫고가 아니라 꼭 해야만 하는 것이며, 기도를 하지 않으면
  지옥의 권세가 자리 잡는다.

* 기도는 돈을 필요로 하지 않는다.

* 기도를 하지 않는 자들은 기도를 짐으로 생각한다.

* 낙이 없다고 하지 말고 기도하는 것으로 낙을 삼아라.

* 밀알이 되기 위해 기도하라.

* 기도 머신이 되라.

* 상 주고자 하는 이의 마음을 알아서 기도하라.

* 선생이 되려 하지 말고 기도로써 모든 것을 이겨라.

* 실패와 좌절을 맛본 뒤 기도는 고통을 더한다.

* 기쁨이 일어나기를 기도하라.

* 오직 기도하고 항상 새롭게 함을 입어라.

* 전심으로 기도하고 주인의 일에 마음을 다하라.

* 누리는 것보다 평안이 있기를 기도하라.

* 소금이 맛을 잃지 않도록 늘 깨어서 기도하라.

* 논쟁은 기도를 막는다.

* 감정에 치우치는 것이 기도를 방해한다.

* 문이 닫히기 전에 기도하라.

* 섬들이 일어나기 전에 기도하라.

* 기도가 부족하면 시험이 온다.

* 주리고 목마른 영혼들을 위해 기도하라.

* 고집, 아집이 기도를 방해한다.

* 기도만이 문제 해결의 열쇠이다.

* 기도는 지도자를 필요로 한다.

* 피치 못할 사정 외에는 기도를 쉬는 죄를 범치 마라.

* 오직 주 예수 이름으로 구하고 조금도 염려하지 말라.

* 양들이 기도를 안 하면 기도가 막힌다.

* 항상 기도하고 주의 뜻이 무엇인지 분별하도록 하라.

* 중쟁이(중을 낮추어 부르는 말, 필자 주)들이 쉬지 않고 기도하는 것을 지켜
  보라.

* 기도는 죄를 씻는 행위이다.

\* 기도는 주리고 목마른 영혼의 생수이다.

\* 기도란 자기를 죽이는 것이다.

\* 구조선이 올 때까지 계속 기도하라.

\* 기도로 준비하고 지혜로 일을 해야 한다.

\* 연애하는 마음으로 기도하라.

\* 너 자신이 성전임을 알고 기도로 깨끗이 하라.

\* 하나님을 만나는 유일한 길이 기도이다.

\* 머리 쓰지 말고 기도하고 일하라.

\* 자기연민, 염려, 근심, 걱정은 기도를 못하게 하는 것이다.

\* 오직 기도와 말씀으로 전지전능한 하나님의 능력을 얻도록 하라.

\* 기도만이 당면한 문제를 해결할 수 있다.

\* 홀로 있을 때 더욱 기도하고 주를 찾으라.

\* 기적이 일어나기를 기도하라.

\* 몸이 기도로 반응할 때까지 기도하라.

\* 먼지들을 기도로 청산해야 믿음이 들어온다.

\* 구하는 자를 내가 기뻐한다.

\* 목적이 없는 기도를 하지 말고, 목적이 있는 기도를 하라.

\* 기도를 쉬지 않고 하는 훈련은 기도를 부지런히 하는 것이다.

\* 기쁨이 사라진 것도 기도를 안 하는 이유이다.

\* 영생에 관심이 없는 자들이 기도를 하겠느냐?

\* 용서하는 것도 기도의 힘이다.

* 기도는 주리고 목마른 자들에게 생수를 준다.

* 기도는 고통이 있지만, 기도는 시험을 이기는 길이다.

* 가족의 이름을 붙여서 기도하라.

* 성전에 강물이 흘러내리기를 기도하라.

* 怒(노)는 기도하면 다스려진다.

* 성분이 높은 자나 낮은 자나, 기도하면 다 내 사랑을 입는다.

* 죄는 기도해야 이길 수 있다.

* 기도는 지고 가야 할 짐이다.

* 고생이 되더라도 기도하는 일을 소홀히 하지 말라.

* 곤비하지 않도록 기도에 힘쓰라.

* 가족들이 구원을 얻기까지 기도를 계속하라.

* 기도는 나를 어깨 위로 올리는 것이다.

* 기도하는 것이 가지치기(성전을 깨끗하게 하는 것, 필자 주)를 하는 것이다.

* 성경이 다 기도로 써졌다.

* 기도하는 것에 열매를 맺게 해 주겠다.

* 기도가 어떤 일보다 귀하다는 것을 아느냐?

* 복이 임하는 기도를 하라.

* 기도의 기쁨을 아는 자가 몇이나 되냐?

* 기도만이 유일한 방법이다.

* 기적이 일어날 것을 믿고 기도하라.

* 기도의 강을 건너면 기쁨을 얻게 되고 평강이 임한다.

* 기계(기도하는 일, 필자 주)를 돌려야 녹이 슬지 않는다.

* 오직 기도만이 기름부음을 받을 수 있다.

* 기도는 지극히 큰 은혜이다.

* 깊이 있는 기도를 해야 내가 거기 있다.

* 기도해야 위로도 받을 수 있다.

* 기도는 내 이름을 높이는 것이다.

* 깊고 오묘한 진리를 알기를 기도하라.

* 좋고 나쁜 것도 모르는 사람들이 어떻게 기도하냐?

* 구해 내야 할 영혼들은 기도만이 대비책이다.

* 예수 그리스도가 기도의 사람이었다는 것을 아느냐?

* 비록 몸은 힘들지만 기도하는 일은 매우 귀한 일이다.

* 고집, 아집은 기도를 방해하는 요인이다.

* 속이 빈 영혼들이 기도의 중요성을 모르고 있다.

* 기쁨도 기도를 시작해야 찾아온다.

* 위로와 격려는 기도의 시작이다.

* 쉬지 말고 기도하라. 순간순간 기도하라.

* 기도했으면 때를 기다리라.

* 항상 기도와 말씀으로 무장하라.

* 민족을 위해 기도하라.

* 이스라엘 백성들이 죄를 지었을 때에 선지자들이 기도해서 마음을 돌이
  켰듯이, 중보 기도자의 기도가 필요하다.

예언 노트

* 무시로 기도하라.

* 기도를 부담스러워하지 말고 자유함을 가지라. 기도란 하나님의 얼굴을 뵙는 것이다.

* 약속의 말씀을 붙들고 기도하라.

* 성령을 소멸치 않게 항상 기도하라.

* 기도의 끈을 놓지 말고 말씀을 따라 기도하라. 고통이 있더라도 기도를 잊지 말라.

* 24시간 기도한들 어떻겠느냐?

* 기도는 생명줄이다.

* 기도는 형식이 아니라 상한 심령을 원한다.

* 쉼 없는 기도를 계속하라.

* 성령이 임하기를 기도하라.

* 시간 나고 틈나는 대로 기도하라.

* 성령을 기다리라.

* 소망을 가지고 기도하라.

* 나는 너희들의 기도를 듣고 있다.

* 나를 부지런히 찾아오너라. 내가 응답하겠다.

* 주의 인도하심을 구하는 기도를 계속하라.

* 사랑하는 가족을 위해 기도하라.

* 나는 너희들의 인내를 보고 있다.

* 가슴속에 담아 둔 것을 얘기하고, 나는 너희의 숨소리도 듣고 있다.

2. 기도에 대하여

* 나를 부지런히 찾아오너라.

* 사랑하고 아끼는 자들을 위해 기도하라.

* 믿음이 없는 자와 고통받는 자, 사랑이 없는 자를 위해 기도하라.

* 성령이 각 사람 마음에 임하기를 기도하라.

* 성령을 사모하라.

* 항상 기도에 힘쓰라.

* 성령 받기 위하여 기도하라.

* 기도하는 사람이라는 칭호를 얻게 기도하라.

* 성령으로 태어나기를 기도하라.

* 기도의 모습이 중요하지 않고 기도의 태도가 중요하다.

* 거룩한 성품을 위하여 기도하라.

* 원하는 것을 위하여 기도하지 말고 하나님의 뜻을 위해 기도하라.

* 종교적인 행사로 하지 말고, 기도란 하나님께 경배하는 것이고 간절히
  사모하는 것이다.

* 함께 기도해서 서로에게 힘이 되라.

* 소리 내어 기도하는 것도 좋은 방법이다.

* 기도의 목적이 무엇인지 항상 잊지 말라.

* 기도란 하나님을 경배하는 것이다.

* 계속 주의 이름을 부르며 성령님을 기대하라.

* 마음을 다하고 뜻을 다하여 내 이름을 부르라.

* 기도하는 사람은 영혼을 사랑하는 마음이 있어야 한다. 고통의 소리를

들을 수 있어야 한다.

* 변론을 말하지 말고 기도하라.

* 마음밭을 갈아엎는 기도를 하라.

* 새로워지기를 기도하고, 변화되기를 위해서 기도하고, 사랑할 수 있도록 기도하고. 영혼을 사랑하는 기도를 하며, 형통하기를 기도하고, 말씀을 생각하며 기도하고, 믿음으로 구하고 조금도 의심하지 말라.

* 성령의 소리를 들을 줄 아는 기도, 성령의 마음을 읽을 줄 아는 기도, 성령의 열매를 맺을 줄 아는 기도를 하라.

* 구하는 자에게 주시지 않겠느냐?

* 기도의 강을 건너야 말씀이 들어온다.

* 많이 기도할지라도 듣지 않는 기도를 하지 말라.

* 경건의 모양이 아니라 경건의 능력을 요청하라.

* 죽어 가는 영혼을 위해 기도하라.

* 염려하지 말고 기도하라.

* 의인의 기도는 역사하는 힘이 강하다.

* 겟세마네적인 기도를 하라.

* 구하는 자에게 주시지 않겠느냐?

* 감사와 찬양의 기도를 할 때는 은혜를 생각해 가며 기도하라.

* 머리를 쓰지 말고 기도하라.

* 계속 기도하고 성령으로 기도하라.

* 선한 일에 열매를 맺도록 기도하라.

2. 기도에 대하여

* 무엇이나 근심하지 말고 하나님께 아뢰라.

* 모든 사람에게 후히 주시고 꾸짖지 아니하는 분께 구하라.

* 믿고 구하는 것은 받은 줄로 믿으라, 구하는 자에게 주시지 않겠느냐?

* 희미한 기도를 하지 말고 분명한 기도를 하라.

* 기도와 말씀으로 능력을 키워라.

* 시험에 들지 않도록 기도하라.

* 신앙의 뿌리를 위해 기도하라.

* 논(기도, 필자 주)을 주고 밭(고된 일, 필자 주)을 사겠느냐?

* 미리 두려워 말고 기도하라.

* 소원하는 모든 일을 기도와 간구로 아뢰라.

* 시험을 이기는 길은 기도밖에 없다.

* 지혜를 구하라, 구하는 자는 받으리라.

* 사무엘을 기억하라, 그는 기도를 쉬는 죄를 범치 아니했다.

* 기도란 자기와의 싸움이다.

* 이기기를 기도하라.

* 기도하라, 기도하라.

* 능력 있는 기도를 요청하라.

* 마지막이 이를 때 기도하는 자를 모으리라.

* 기도는 지옥의 권세를 이기는 것이다.

* 기도하지 않는 영혼도 기도하면 위로를 받는다.

* 기도는 기쁨으로 하는 것이 낙이다.

* 기도를 못하는 사람도 기도를 하면 길이 열린다.

* 가르쳐도 기도를 안 하는 사람은 지혜가 없는 사람이다.

* 불치의 병도 기도하면 낫는다.

* 기적의 문도 두드리면 열린다.

* 기분이 안 좋을 때나 기쁠 때나, 어려울 때나 힘들 때나 기도에 힘쓰라.

* 기도의 내공도 기도하면 쌓인다.

* 가족이 기도 뿔에 적셔지도록 기도하라.

* 곤고한 자들이 누구냐? 기도하지 않고 입만 즐기는 자들이 아니냐?

* 기도는 지도를 받는 것이 이롭다.

* 기도란 자기 자신을 내려놓고 자신을 엎어야 한다.

* 기도에 집중하고 가인의 길로 가지마라.

* 기도란 자기를 낮추는 일이다.

* 기도란 자기를 태우고 남을 세우는 것이다.

* 옥처럼 너희를 깨끗하게 해 주겠다.

* 기도의 선물을 받아 누리는 것이 인생이다.

* 기도란 살아계신 하나님을 뵙는 것이다.

* 기도하는 일이 어렵고 힘들더라도, 기도가 가장 귀하고 귀한 일이라는 것을 명심하라.

* 기도하는 일을 게을리하지 말라.

* 구해 낼 사람이 누군가를 알고 기도하라.

* 구해 낼 사람을 알고 기도하고, 주리고 목마른 영혼을 위해 기도하라.

2. 기도에 대하여

* 구덩이에 들어갈 자들은 기도하지 않는다.

* 사도 바울이 어떤 기도를 했는지 잘 살피라.

* 기회가 옴을 알고 기도하라.

* 네 믿음이 어디에 있는지 알고 기도하라.

* 기도하는 일은 지혜를 얻는 일이다.

* 기도와 말씀으로, 이 두 가지만으로 나를 찾는 것이다.

* 기도의 목적이 무엇이냐? 우리를 구원하신 예수 그리스도를 경배하는
  것이 아니겠느냐?

* 내가 가장 싫어하는 것은 기도하지 않는 영혼이다.

* 기도의 깊은 강으로 계속 들어가라.

* 기도의 기쁨을 아는 자들이 많지 않다.

* 전에 기도하던 자들도 다 쉬고 있다.

* 기도란 자기 일을 하나님께 아뢰는 것이다.

* 영혼의 자유함을 얻으려면 기도를 해야 한다.

* 네 기도의 짐을 늘 나에게 맡겨라.

* 단순히 기도하는 것만으로 위로를 얻으니 얼마나 큰 축복이냐?

* 기도보다 더 강력한 효과는 없다.

* 생수의 강이 넘쳐 나기를 기도하라.

* 기도는 자로 잰 듯한 믿음이다.

* 기도란 자기를 이기는 것이다.

* 생수의 강이 넘치도록 기도하라.

예언 노트

* 기도는 자기 믿음을 늘 확인하는 것이다.

* 귀가 열리기를 기도하라.

* 성령이 내주하는 기도를 어디서나 실시하라.

* 금욕적인 사람들은 기도를 자기의 의로 돌린다.

* 여호와의 인자하심을 바라며 기도하라.

* 영생의 약속이 남아 있더라도 기도하지 않으면 지옥 간다.

* 기름이 떨어지지 않게 늘 기도로 채우라.

* 기름이 다할 때까지 기다리면 불이 꺼진다.

* 기도의 삼분의 일은 어려운 이웃을 위해 하라.

* 기도는 자고하지 않게 하기 위함이다.

* 슬플 때나 기쁠 때나 기도해야 위로도 찾아온다.

* 지혜도 오직 기도해야 찾아온다.

* 영혼이 메마르지 않게 기도해라.

* 야훼를 기쁘시게 하는 기도를 하라.

* 기도는 자기의 뜻을 버리고 아버지의 뜻을 찾는 것이다.

* 용사는 기도를 쉬지 않는다.

* 계속 기도와 말씀으로 이루 말할 수 없는 은혜를 깨닫도록 하라.

* 조금도 의심하지 말고 기도하고 기다려라.

* 기도에 집중하고 오직 기도하라.

* 기도는 자비를 구하는 일이다.

* 영안이 뜨이기를 기도하라.

* 요셉이 옥에 갇혔을 때에 기도하고 기다린 것이 얼마냐?

* 영혼이 쇠약한 자들이 기도를 하지 않으면 멸망한다.

* 자기의 의를 드러내는 자들이 기도를 안 하고 방해만 한다.

* 하루 일을 시작하기 전에 기도하라.

* 영혼이 쇠약한 자들이 기도하기를 꺼려한다.

* 자비를 베푸시는 하나님께 항상 구하고 기도로써 모든 것을 맡겨라.

* 죄도 기도하면 밖으로 나온다.

* 여호와는 기도하는 사람이 어디서 무엇을 하는지 늘 살펴본다.

* 생수의 강이 늘 넘치는 사람으로 기도하라.

* 예고 없이 내가 이르지 않도록 깨어 기도하라.

* 내 말에 귀를 기울이려면 기도와 말씀으로 들어가라.

* 형통의 열매를 맺기 위해 기도하라.

* 목적을 구하는 기도를 하지 말고 기도의 본질을 깨달으라.

* 사람이 할 수 없는 일을 하나님이 하신다고 믿고 기도하라.

* 일당백의 기도 능력을 갖추라.

* 네 일에 믿음으로 구하고 조금도 의심하지 말라.

* 네 기도에 늘 응답하는 이는 여호와니라.

* 세움을 받기 위해 기도하라.

* 기회가 오지 않는 것도 기도하면 찾아온다.

* 네 기도의 뿌리를 깊이 내려라.

* 기도의 몰입이 기도의 강을 건너는 것이다.

예언 노트

* 기도의 강은 자신을 내려놓는 일이다.

* 기쁨도 기도하면 나타난다.

* 기도하는 것으로 기름(성령, 필자 주)이 완비된다.

* 영에 눈 먼 사람들이 기도는 안 하고 지뢰(시험에 듦, 필자 주)만 밟고 있다.

* 기도는 사귐의 시작이다.

* 조금도 의심하지 말고 기도의 내공을 쌓아 가라.

* 배도 고픈 사람이 기도를 한다.

* 개도 짖지 않으면(기도하지 않으면, 필자 주) 밥(하나님의 도우심, 필자 주)을
  주지 않는다.

* 수로보니게 여인은 기도의 본을 보였다.

* 배도 불러 본(기도응답, 필자 주) 자들이 맛(기도의 기쁨, 필자 주)을 안다.

* 전지전능한 하나님의 능력을 믿고 기도하라.

* 교회란 기도를 자루에 한 에바씩 넣는 곳이다.

* 기도란 자루에 쌓는 일이다.

* 믿기 어려운 일들도 기도하면 이루어진다.

* 기도하는 삶이 쉼을 얻는 삶이다.

* 시험에 걸려 넘어지지 않게 기도하라.

* 그리스도 보혈의 사역이 기도의 사역이다.

* 성령의 두루마기를 입고 기도하라.

* 기회 있을 때마다 기도의 성을 쌓으라.

* 육적인 사람은 기도는 하지 않고 복만을 좋아한다.

2. 기도에 대하여

* 시험에 이기는 일은 오직 기도뿐이다.

* 생수가 넘치도록 기도하고 전심으로 기도하라.

* 시험에 걸려 넘어지지 않도록 기도하라.

* 지혜로운 자는 기도를 쉬지 않고 하는 자이다.

* 믿고 구하는 것은 받은 줄 알고 기도하라.

* 분쟁이 나기 전에 기도하라.

* 기도가 막히면 분쟁한다.

* 기도하지 않는 자들은 고통 속에 살게 된다.

* 전도의 기름부음을 기도하라.

* 기도가 최고의 문제 해결이다.

* 내 나라의 비밀은 기도하는 자들이 안다.

* 그리스도의 보혈이 자기 안에 늘 있도록 기도하라.

* 자기 안에 그리스도의 보혈을 심어 주는 것이 기도이다.

* 길이 막히기 전에 기도하라.

* 시험에 빠지는 일도 기도를 하지 않기 때문이다.

* 기도는 자기를 낮추는 일이다.

* 시험을 이기는 일도 기도이다.

* 부족한 것을 보충하는 것도 기도이다.

* 주를 기쁘시게 하는 것도 기도이다.

* 기회를 자기 것으로 만드는 것도 기도이다.

* 시기와 질투를 이기는 것도 기도이다.

예언 노트

* 기도로 아낌없이 자기를 드리는 자가 내 사랑을 입는다.

* 기도에 자기의 모든 것을 걸어라.

* 오직 기도.

* 새벽별이 뜰 때까지 기도하라.

* 식음을 전폐하는 기도도 있다.

* 하나님을 호흡하라.

* 천국에 있는 많은 사람들도 기도의 사람이었다.

* 분이 일기 전에 기도하라.

* 믿기 어려운 일도 기도하는 이들에게 일어난다.

* 사랑하는 가족들이 구원받기 위해서 기도하라.

* 가지고 있는 믿음이 좌로나 우로나 치우치지 않기를 기도하라.

* 가지고 있는 믿음이 언제까지나 있기를 기도하라.

* 영원한 사랑이 식지 않도록 기도하라.

* 귀에 못이 박히도록 얘기해도 기도하지 않는다.

* 교만에 빠지지 말고 기도로 모든 것을 이겨라.

* 기쁨도 기도하면 도래한다.

* 영이 깨어 있으려면 항상 기도해야 한다.

* 기도는 자기 안에 예수 그리스도를 모시는 것이다.

* 시험에서 이기는 길은 오직 기도뿐이다.

* 기도하며 기다리는 것도 어렵지만, 기도하지 않고 사는 것은 지옥이다.

* 고충자들의 기도를 들어 줄 만한 기도의 역량을 채워야 한다.

2. 기도에 대하여

* 시험을 물리치는 기도를 기도의 내용에 넣어라.

* 기도하는 직무는 아주 귀한 일이다.

* 기도로 모든 것을 맡기고 살아가라.

* 기도의 본질은 기도를 쉬지 않고 하는 것이다.

* 시험에 들지 않게 깨어 기도하라.

* 앞이 보이지 않을 때에도 기도하라.

* 허락하심이 있을 때까지 기도하라.

* 오직 오늘이라고 하는 날에 기도하라.

* 지옥의 권세가 일어날 때를 대비해서 기도하라.

* 지혜의 샘도 기도이다.

* 자기의 일을 내게 맡기는 자가 복이 있다.

* 영도 기도하면 맑아진다.

* 사귐이 있는 기도를 시작해야 내 지도를 받을 수 있다.

* 지혜로운 자들이 기도의 성을 쌓는다.

* 장소와 때를 초월하는 것이 기도이다.

* 사귐이 있는 기도를 통해 기도의 성을 쌓아 가라.

* 얻기를 위한 기도를 하지 말고 지도하는 성령을 달라고 하라.

* 통일 시에는 기둥들이 무너지지 않도록 열심히 기도해야 한다.

* 자비를 베풀 아버지께 모든 것을 맡기고 기도하라.

* 기회가 오도록 열심히 기도하라.

* 기도의 강(성령이 임하는 기도, 필자 주)은 이루 말할 수 없는 기회이다.

* 기도의 강을 건넌 다음에는 하나님을 사랑하고 세상 사람들을 사랑하는 힘이 생겨난다. 기쁨도 찾아온다.
* 억지로 기도하지 말고 아버지의 뜻을 알고 기도하라.
* 임마누엘하시는 하나님의 뜻을 알면 기도가 쉬워진다. 억지로 하려 하니 기도의 기쁨이 없다.
* 자기의 뜻대로 하지 말고 아버지의 뜻대로 하라.
* 어려운 이웃이 기도를 하는 것은 심히 어려운 일이다. 그러나 자기 힘으로 세상을 사는 것보다 쉽다.
* 정해진 시간에 기도하고 하루를 시작하기 전에 기도하라. 이렇게 하는 것이 아버지의 뜻대로 사는 것이다.
* 혹이 기도의 삶을 물어보면, 나의 뜻대로 사는 것이 아니라 아버지의 삶을 사는 것이라고 말하라.
* 주기철 목사도 기도의 달인이었다.
* 기도의 강을 건넌 자들이 기도의 맛을 알 수 있다.
* 주기도문이 기도의 대표성이다.
* 일에 기도가 막히지 않게 조심하라.
* 기도는 주리고 목마른 영혼이 기회를 얻는 일이다.
* 성도가 기도하지 아니하는 것은 아버지를 잊고 있기 때문이다.
* 기도는 자비를 구하는 것이다.
* 기도하지 않고 있는 것은 기회를 잃는 것이다.
* 믿음도 기도하면 깊어진다.

\* 네 양식이 부족하지 않도록 늘 기도에 힘쓰라.

\* 기적이 언제 내려오나 하지 말고, 기도의 역량을 높이는 일에 집중하라.

\* 입에서 단내가 나도록 기도해야 함을 잊지 마라.

\* 성도의 질을 높이는 것이 기도이다.

\* 기도의 강도 지혜의 부문이다.

\* 가치관도 지혜의 부문이다.

\* 죄가 기도를 못하게 하는 주범이다.

\* 영혼에 눈뜬 자들이 기도의 시작이다.

\* 기도의 힘은 나를 만나는 것이다.

\* 기도의 가장 큰 포인트는 집중이다.

\* 기도는 자기 믿음을 지키는 유일한 도구이다.

\* 기도의 강을 건넌 자들이 기도의 낙을 누리고 산다.

\* 중이 제 머리를 못 깎듯이, 기도도 자기 스스로는 하지 못한다.

\* 하기 싫은 것도 기도하면 좋아진다.

\* 기도의 강은 지혜로운 자들이 건넌다.

\* 인도자를 따라 하는 것이 수월하다.

\* 앞이 보이지 않는 기도는 소용이 없다.

\* 기도의 삶은 자기를 부인하는 삶이다.

\* 믿음도 기도하면 자기 것이 된다.

\* 자기도 알지 못하는 기도를 많이 하고 있다.

\* 쉬지 않는 기도는 지도력이 필요하다.

예언 노트

* 처음 신앙을 버리지 않도록 기도하라.

* 기도의 강을 건넌 자들이 나를 볼 수 있다. 내 나라의 일도 마찬가지이다.

* 영의 눈이 먼 자들은 기도의 기자도 모른다.

* 기도는 자기 안에 그리스도를 모시는 것이다.

* 자기들도 모르는 기도 방식으로 기도하는 자들도 있다.

* 기도는 비고 빈 마음으로 하는 것이다.

* 기도의 습관은 기도의 내공을 쌓아야 생긴다.

* 시험에 늘 넘어지는 자들은 기도를 안 하는 자들이다.

* 기름에 불이 들어가야 활활 탄다. (성령의 활동은 기도가 필요하다는 뜻, 필자 주)

* 지게도 진 사람들이 잘 진다. (기도도 늘 하는 사람들이 잘 한다, 필자 주)

* 혹이 기도의 강이 무어냐고 물어보면 지혜의 강이라고 대답하라.

* 기도의 깊이를 더해야만 길이 나타난다.

* 고집도 기도하면 기가 꺾인다.

* 지고 다니는 짐은 기도해야만 놓인다.

* 네 기도의 밀도를 높여라.

* 기도의 모양만 잡고 앉아 있는 자들도 많다.

* 기도는 모든 사람이 해야 할 덕목이다.

* 기회도 기도하는 자들에게 온다.

* 기도의 강은 건너는 자들이 자주 건넌다.

* 제비(기도응답, 필자 주)도 때가 되면 날아온다.

2. 기도에 대하여

* 기도의 강을 건너는 것은 기도자의 몫이다.

* 기도의 강은 자기 이름이 천국에 이르는 것이다.

* 가치관도 기도의 강을 건너면 달라진다.

* 절대주권자에게 모든 것 맡기고 기도하는 것이 특권이다.

* 청지기적 사명을 잘 감당하는 것도 기도의 몫이다.

* 기도의 중심은 항상 아버지이다.

* 용서에 대해서도 기도하라.

* 조카 롯을 구한 아브라함도 기도의 사람이었다.

* 시험에서 늘 건짐을 받도록 기도하라.

* 십자가의 보혈이 얼마나 귀한지는 기도의 강을 건너온 자들이 안다.

* 야곱이 얍복강가에서 기도한 것을 알고 있느냐? 그것이 기도의 강을 건
  너는 본보기이다.

* 기도의 참뜻은 내가 너희를 만나는 것이다.

* 내 말을 믿고 순종하는 자들을 내 오른팔에 두고 있다.

* 앞이 캄캄할 때 기도해야 길이 열린다.

* 헛된 것을 좇지 말고 기도에 마음을 다하라.

* 솥이 뜨거워야 기름이 탄다. (열정적으로 기도해야 성령이 임한다는 뜻, 필자 주)

* 사람들이 기도의 참뜻을 모르고 있다.

* 기도가 지혜이신 하나님을 만나는 일이고, 그분의 뜻을 알고 지혜로운
  삶으로 인도받는 것이다.

* 믿음의 순도도 기도하면 올라간다.

* 하나님이신 예수님도 기도의 왕이셨다.

* 영이 맑아야 기도의 샘이 터진다.

* 이 땅에 있을 때 주의 뜻을 이루기를 기도하라.

* 기도를 산제사처럼 하지 않고 죽은 영만 좇고 있다.

* 양이 기도하지 아니하면 지혜가 없어진다.

* 영혼이 쇠약한 자들은 기도의 정의를 모르고 산다.

* 네 믿음의 진보를 위해 늘 기도하라.

* 사랑과 용서는 기도자의 덕목이다.

* 나를 기다리는 것도 기도이다.

* 자비를 구하는 기도를 자주하라.

* 정해진 시간에 기도하는 것이 집중력을 키운다.

* 기도에 집중력을 기르기를 힘쓰라.

* 기도를 지혜로운 방식으로 하라.

* 기도를 쉬지 않고 하는 것이 지혜로운 삶이다. 물고기들이 물에서 사는
  것과 같다.

* 악기를 동원한 예배는 기도를 방해한다.

* 오늘이라고 하는 이때에 기도하고 말씀을 보라.

* 믿기 어려운 기도를 하는 자들도 많다.

* 오직 기도와 말씀만이 해결책이다.

* 악에게 지지 말고 이기도록 기도하라.

* 억지로 하지 말고 자원하는 마음으로 기도하라.

2. 기도에 대하여

* 입으로 "주여, 주여." 하지 말고 가슴으로 나를 찾으라.

* 기도하는 것이 어렵고 힘들더라도 아버지를 기쁘게 하는 것이 기도이다.

* 기도의 마침은 예수 그리스도의 이름으로 하라.

* 악기를 동원한 기도는 주리고 목마른 영혼에게 지옥이다.

* 앞이 캄캄한 자들도 기도하면 일어난다.

* 내 이름이 어디에나 나타나야 하는 것이 기도이다.

* 입으로 "주여, 주여." 하는 식의 방언은 이롭지 않다.

* 모두들 하기 어려운 기도를 하고 산다.

* 열매 중의 가장 큰 열매는 기도의 열매이다.

* 옷이 더러워지지 않게 깨어서 기도하라.

* 오직 기도와 말씀으로 기도하며 기다리라.

* 기적을 꿈꾸는 자들은 기도하지 않는다.

* 사귀는 기도로 나를 기쁘게 하면 너희들의 삶이 평안해진다.

* 항시 기도하기를 이 땅에 사는 날 동안 계속하라.

* 입이 가벼운 자("주여, 주여." 하는 자, 필자 주)는 기도가 막힌다.

* 기도원에서 부르짖는 자들은 평소에 기도하지 않고 조급하게 찾는 이들이 많다.

* 앞이 캄캄한 자들이 기도해야 지혜로운 삶이 열린다.

* 오직 기도와 말씀으로 나를 만나는 길이 정석이다.

* 항시 기도하는 것을 그치지 말라.

* 기도하는 사람은 어떤 영이 자기를 지도하는지 잘 살펴야 한다.

예언 노트

* 중처럼 중얼거리지 말고 자기 안에 그리스도를 모셔야 한다.

* 아침저녁으로 기도하고 시간 나는 대로 기도하라. 이러한 기도는 참 중요하다.

* 입으로 "주여, 주여." 하지 말고 아버지의 이름이 거룩히 여김을 받는 기도를 하라.

* 가정기도를 실천하는 것이 기도를 쉽게 하는 것이다.

* 이러한 기도 방식은 자기를 낮추고 위에 계신 하나님을 높이는 것이다.

* 입으로 "주여, 주여." 하는 자들은 기도의 강을 알지도 넘지도 못한다.

* 찬양도 주인이 기뻐하는 기도이다.

* 방언에 너무 치중하다 보면 기도의 몰입도가 낮아진다.

* 주리고 목마른 영혼들은 입으로 "주여, 주여." 하는 기도보다 기도의 주인이신 아비를 찾는 것이 옳다.

* 악독한 종들은 기도를 자기의 소유물로 안다.

* 힘으로 살지 말고 기도의 능력으로 살라.

* 세움을 입은 자들은 기도의 끈을 놓치는 것이 가장 위험하다.

* 자발적으로 하는 기도훈련은 유익하다.

* 진정한 크리스천이 기도의 일꾼이다.

* 기도의 마지막은 주 예수 그리스도의 이름으로 하라.

* 기도의 종들은 자기의 아버지가 누구인지 확실히 알고 기도해야 한다.

* 입으로 "주여, 주여." 하는 자들은 기도의 기쁨도 없고 기도의 능력도 모르고 산다.

* 얻기도 힘든 기도를 하지 말고 지혜로운 아버지를 섬기는 기도를 하라.

* 지혜로운 자들은 기도의 기쁨을 알고 산다.

* 홀로 있을 때에 늘 기도하고 함께 있을 때도 기도하라.

* 성령의 위로를 받는 기도를 하고 뜨겁게 기도하라.

* 기도에 집중이 어렵지만 기도의 힘을 알고 나면 기도가 쉬워진다.

* 하기도 힘든 기도를 하지 말고 주를 만날 기도를 하라.

* 용서하는 것은 기도의 기본이다.

* "주여, 주여." 하지 말고 지혜로운 아버지를 높이는 기도를 하라.

* 닭이 울면 새벽이 오듯이, 문제 있는 자들은 기도하면서 기다려야 한다.

* 죄로부터 늘 자신을 지키고 기도에 힘쓰라.

* 기도의 일꾼은 기도의 힘으로 살아야 한다.

* 샘이 늘 마르지 않도록 늘 기도하라.

* 전쟁이 날 때를 준비하고 항상 기도에 힘쓰라.

* 기도는 자기를 부인하고 아버지를 섬기는 것이다.

* 이토록 기도의 중요성을 깨달은 자들은 복을 받은 자들이다.

* 기도에 몰입이 안 될 때도 기도하는 것이 습관이다.

* 정상적인 기도원은 이미 문을 닫았다.

* 입으로 "주여, 주여." 하는 것을 항상 경계하라.

* 기도의 강은 지옥의 권세를 이기는 힘이다.

* 대부분의 크리스천은 기도하는 영이 성령인지 악령인지 모르고 있다.

* 가기도 힘든 길을 대부분 가고 있다. 기도의 강은 닭이 울지 않을 때를

말한다.

* 예수 그리스도의 이름이 너희 안에 계시도록 기도하라.

* 시대착오를 하지 않게 깨어서 기도하라.

* 예수 이름을 높이는 기도가 가장 귀한 기도이다.

* 기도하는 사람은 기도를 자기 소유로 여긴다.

* 기도하는 모든 짐을 나누어 가지는 것이 좋다.

* 기도하는 사람은 항상 기도의 짐을 가지고 있어야 한다.

* 기도의 짐은 가볍고 무겁지 않다.

* 기도할 때 귀신의 역사를 쫓으면서 기도하라.

* 오직 기도하고 모든 것은 때를 기다리라.

* 세움을 받은 자는 세움을 받기 위해 더욱 기도하라.

* 선 자는 넘어질까 조심하라.

* 제비도 때가 되면 날아들 듯이, 기도도 때가 되어야 이루어진다.

* 기도란 자기 주인을 찾는 도구이다.

* 지옥의 권세를 잡는 것이 기도의 힘이다.

* 기도를 억지로 하지 말고 자원하는 마음을 갖고 하라.

* 가치관이 바뀌는 삶이 기도의 삶이다.

* 얻기를 구하는 기도를 하지 말고 구주를 네 안에 모시는 기도를 하라.

* 철저히 기도의 삶을 살 것을 명령하노라.

* 기도로 산제사를 드려라.

* 악기를 동원하는 기도는 기도의 산제사를 방해한다.

2. 기도에 대하여

* 입으로 "주여, 주여." 하는 자들은 자기의 뜻을 세우려고 하는 것이다.

* 기도는 기도의 본을 보이신 예수님의 기도를 본받으라.

* 기도만큼 중요한 일도 없고 기도만큼 지혜로운 일도 없다.

* 기도와 말씀으로 온전한 의를 이루어라.

* 가정에서 기도하는 것이 기도의 원리를 깨닫는 것에 유리하다.

* 아침저녁으로 기도하는 것을 골자로 하라.

* 기도하는 자녀들이 내 나라에서 받을 상은 말하기도 어려우나 지극히 큰 상이라는 것은 알아 두어라. 그들이 받을 상은 아버지께서 작정한 대로 나누어 주리라.

* 지혜를 구하는 기도를 자주하라.

* 기도의 기쁨을 아는 자들이 기도하는 것은 지극히 크신 하나님을 기쁘게 하는 것이다.

* 정치, 경제, 사회, 문화를 배우는 것보다 기도를 배우는 것이 더 중요한 것이다.

* 무저갱에 들어가는 것보다 기도하는 것이 더 쉬우니라.

* 맹목적으로 하나님을 부르지 말고 간절한 마음을 담아 불러라, 오실 것을 기다리며.

* 기도의 분량을 매일매일 채워야 함을 잊지 말라.

* 이토록 기도가 귀하거늘 지도자들도 기도를 싫어한다.

* 낮보다도 더 밝은 빛을 비추리라. 기도하는 자들에게 이런 빛을 비추리라.

* 성령의 기름부음이 항상 있기를 기도하라.

* 나도 기도의 종이었음을 알린다.

* 가족 모두 구원을 얻으려면 기도의 강을 건너야 한다.

* 인애하신 아버지께 모든 것을 맡기고 기도하라.

* 기도의 참뜻은 자기의 뜻이 아니고 아버지의 뜻을 이루는 것이다.

* 문들이 닫히기 전에 기도하라. 문들이 닫히면 지옥행이다.

* 오직 기도에 마음을 다하라.

* 기도는 자기 뜻을 이루는 것이 아니고 아버지의 뜻을 이루는 것이다.

* 옷이 더러워지지 않도록 늘 기도에 힘쓰라.

* 사귐이 있는 기도를 하고 귀신들의 정체를 파악하는 기도를 하라.

* 지혜로운 기도는 자신을 낮추고 주 예수 그리스도를 높이는 것이다.

* 하기도 어려운 기도를 하지 말고 주께서 가르치신 기도를 하라.

* 기도는 집중력이 기본이다.

* 성령의 기름부음이 간절히 기도하는 모든 자에게 임하리라. 닭이 울어
  야 새벽이 오는 것과 같다.

* 기도가 지혜롭지 못하면 기도응답도 늦어진다.

* 기도의 모든 것에는 내 뜻이 담겨져 있어야 한다.

* 사도 바울도 항상 기도의 강을 넘었다는 것을 염두에 두라.

* 허리에 무리가 가지 않도록 기대어 기도하라.

* 기도와 말씀으로 훈련하는 것이 너희 자신을 지키리라.

* 말씀과 기도로 훈련하면 믿음도 계속 자라느니라.

2. 기도에 대하여

* 육신의 몸은 기도와 말씀으로 거룩함을 더하라.

* 사람이 기도하지 아니하는 것은 지으신 자를 업신여기는 것이다.

* 기도하고 기다리면 복도 따라온다는 것을 깨달아야 한다.

* 기도의 일꾼들은 어디서나 필요하다.

* 종들이 기도의 본질을 모르고 기도하니 응답이 오겠느냐? 기도의 본질
  은 항상 하나님의 뜻대로 기도하는 것이다.

* 이제 마지막이 있을 때를 대비해서 기도에 전념하라.

* 하지 못하는 기도를 억지로 하고 있고, 떼쓰는 기도를 하고 있으니 내가
  듣기도 답답하다.

* 어려운 이웃이 기도할 때 도와주어라. 이것이 기도의 사람이다.

* 먹고 마시는 것에 빠지지 않는 것이 기도의 사람이다.

* 기도의 사람은 지혜이신 하나님을 열심히 사모하는 사람이다.

* 기도의 용사들이 받을 상은 지극히 크다.

* 지극히 크신 하나님께 영광이 되는 기도를 하라. 모이기를 기뻐하고 지
  극히 크신 하나님을 경배하라.

* 기도에 살고 죽는 자들은 많지 않다.

* 무조건 기도하는 것이 기도의 사람이다.

* 기도는 자기를 아버지께 맡기는 것이다.

* 나그네로 있을 때 두려움으로 지내기를 기도하라.

* 위로를 얻기 어려운 기도는 입으로 "주여, 주여." 하는 기도이다.

* 화가 나는 것도 기도가 막히는 이유이고, 기도하는 이는 기도가 막히지

않게 지혜롭게 해야 한다.

* 많은 자녀들이 기도하는 것이 귀신들이 기도하는 율법적인 기도(희생적 인 신앙 행위를 드러내는 기도, 필자 주)이다.

* 내가 기뻐하는 기도는 주기도문이다.

* 자신이 하고 싶은 기도를 하지 말고 하나님이 기뻐하시는 기도, 지옥의 권세를 이기는 기도를 해라.

* 한 시간도 기도하지 않고는 내 뜻을 이루지 못한다.

* 기도의 강으로 가는 길은 지극히 크신 하나님의 은혜가 아니면 갈 수 없 고 영생으로 가는 문이니, 어찌 좁은 문이 아니더냐?

* 내 말이 기도는 지도자를 따라 하는 것이 가장 쉽다는 것이다.

* 하루도 쉬지 않고 기도하는 것이 기도의 일꾼이 하는 일이다.

* 어찌된 일인지, 기도하는 자들이 지도하는 성령을 따라 않고, 자기들이 주인인 양 기도하는 것을 법칙으로 알고 있으니, 나도 그들을 모른다고 하지 않느냐?

* 아직도 귀신의 영들이 지구를 덮고 있는데, 무슨 일인지 종들도, 양들도 기도를 게을리하고 있으니 내가 답답하구나.

* 기도는 자신을 내려놓고, 아들이 아버지를 공경하는 최고의 행위이다.

* 양들이 자기 방식대로 기도하기 때문에 응답도 없고 기쁨도 없다.

* 가정이 구원받기 위한 기도를 하라. 익히 들어 알지만, 기도는 사람이 하는 본분이라.

* 얻고 싶어도 얻지 못하는 기도가 "주여, 주여." 하는 기도이다.

2. 기도에 대하여

* 혹이 기도가 무어냐고 물으면, 주리고 목마른 영혼이 하나님을 만나는 것이라고 대답하라.

* 앞이 캄캄한 자들이 기도를 안 하니 내 마음이 불붙는 듯하구나.

* 어려운 이웃이 기도를 안 하고 있을 때, 기도하는 자들이 대신 기도해 주어야 한다.

* 사귐이 있는 기도를 하고 있는지 항상 체크하라.

* 조급함이 기도하는 자의 적이다.

* 모든 신자들이 사귐이 있는 기도를 하지 않기 때문에 귀신을 두려워한다. 소금이 맛을 잃고 빛이 빛을 잃으면 아무짝에도 쓸모가 없다. 무슨 일에든지 조급하지 말라.

* 기쁨이 없는 기도는 지게에 짐을 다시 지고 가는 것이다.

* 기도하는 자들에게 최고의 기쁨은 내가 그들과 동행하는 것이다.

* 항시 기도하고 모든 것을 내 뜻대로 하도록 힘을 다하라.

* 기도는 하나님의 이름이 거룩히 여김을 받게 하고 당신의 뜻이 무엇인지 알게 해 달라는 기도를 하라.

* 기도하지 않는 자들이 귀신들과 교제하는 것을 내가 가장 싫어하고 미워한다.

* 어떠한 경우에도 기도를 놓으면 내 빛이 비추지 아니하므로 어둠이 지배한다.

* 학식도 중요하지만 기도훈련은 자기 안에 그리스도를 모시고 중심이 항상 아버지께 있다는 고백이다. 주인을 잘 섬기고 귀신의 역사를 무기력

하게 하는 세속적이지 않고 청렴한 일꾼으로 택함 받은 자녀들을 천국
으로 인도하는 하늘의 신령한 양식을 나누어 주는 샘솟는 생명수이다.

* 앞이 보이지 않는다고 미리 염려하지 말고 기도하고 기다려라. 앞이 보
  이지 않을 때 기도하는 것이 믿음이 아니냐?
* 기도란 악한 영과의 전쟁이다.
* 기도란 전쟁이 날 때 기선을 제압하는 힘이 있다.
* 기도의 핵심은 두드리는 것이다.
* 기도는 자고하지 않고 기쁨으로 일할 수 있는 도구이다.
* 얻기를 위해 기도하지 말고 주리고 목마른 배를 채우기 위해 기도하라.
* 자복하고 회개하는 마음이 있어야 기도가 막히지 않는다.
* 모든 가지마다 열매를 맺게 해 달라고 기도하라.
* 모심이 있는 기도는 주리고 목마른 영혼에게 샘을 얻는 기도이다.
* 어디서나 내가 있음을 알고 기도하라.
* 매사에 기름부음이 있기를 기도하라.
* 은혜의 강가를 매일 걸어야 기도의 강가를 갈 수 있다.
* 온전한 상을 받도록 기도하라.
* 눈이 멀지 않도록 기도에 늘 힘쓰라.
* 오직 기도만이 너희가 살길이다.
* 기도의 잠은 사망임을 알고 기도에 더욱 매진하라.
* 기도의 잠은 면류관을 빼앗기는 일이다.
* 기도는 주리고 목마른 영혼들이 반드시 가야 하는 강이다.

* 보혈에 무딘 영혼은 기도하지 않는다.

* 죄가 유혹하지 못하게 하는 것도 기도이다.

* 죄와 싸우는 길은 기도뿐이다.

* 인생의 문제를 기회로 삼고 기도로 이겨 나가라.

* 이 땅에 살면서 기도의 삶을 사는 것이야말로 무게중심을 잃지 않는 것
  이다.

* 기초 체력은 머리에서 나오는 것이 아니라 훈련에서 나오는 산물이다.

* 쉼 없는 기도는 예수 그리스도의 은혜의 문이다.

* 기도하지 않을 때가 노예의 삶이다.

* 기도의 샘은 팔수록 커진다.

* 기도가 막히면 자기 길이 막힌다.

* 마귀에게 기도의 자리를 내 주지 말아야 한다.

* 자기의 문제를 고민하는 자들이 기도는 안 하고 놀고 있다.

* 사람이 하는 일 중에 가장 귀중한 게 기도이다.

* 예언하는 자들 중 귀신에게서 배운 기도를 하는 자들이 많다.

* 성도가 기도하지 않는 것은 자기 목숨을 스스로 버리는 것이다.

* 사랑을 잃은 성도는 기도의 맛을 모른다.

* 홀로 있을 때 늘 기도하라.

* 용서는 기도하는 사람의 출발이다.

* 내적 치유는 기도의 분량이 모자라는 데에서 나오는 것이다.

* 빛을 잃은 성도는 기도의 샘을 파야 한다.

* 이 땅에 사는 동안 기도하지 않으면 자기 꾀에 빠진다.

* 모임이 많은 자들은 기도할 시간조차 내지 못한다.

* 기도의 성을 많이 쌓을수록 좋다.

* 인성이 안 된 자들은 기도에 자기 고집을 다 내려놓아야 한다.

* 십자가에 못 박힌 예수 그리스도는 기도하는 자들의 아버지이다.

* '예'만 되게 기도하라.

* 믿음의 질을 높이기 위해 기도하라.

* 네 아버지의 뜻을 이루기 위해 기도하라, 이 일을 위해 힘써라.

* 기도의 강은 자신의 뜻이 아닌 아버지의 뜻으로, 어렵고 힘들더라도 기도의 강을 건넌 자들은 자유와 기쁨을 맛보고, 자신의 뜻이 아니라 아버지의 뜻대로 세상을 살 수 있는 힘과 능력을 갖추는 것으로, 힘을 다하여 주를 찾고 찾으면 만난다.

* 인생의 문제를 쉽게 풀 수 있는 절호의 기회로 알고 기도하는 일을 가장 선두에 놓고 자신과의 싸움을 하라.

* 카리스마(헬라어로 선물, 은사로 번역함, 필자 주)는 기도의 강을 건넌 자들이 얻는 선물이다.

* 기도는 위로의 성령을 모시고 사는 일종의 비법이다.

* 무시로 기도하는 것이 전심으로 기도하는 것이다.

* 기도의 은혜는 지혜로운 자가 따 먹는다.

* 날마다 기도와 말씀으로 영의 양식이 조금도 부족함이 없게 하라.

* 믿음이 나는 길은 오직 기도와 말씀이다.

2. 기도에 대하여

* 기도는 자신의 뜻이 아닌 아버지의 뜻으로 사는 방식을 구축하는 것이다.

* 용서는 기도하는 자들이 없어서는 안 될 덕목이다.

* 기름(성령, 필자 주)이 떨어진 것을 알면서도 기도하지 않는 것은 죄이다.

* 하루에 1시간도 나를 찾지 않는 자들은 기회를 잃는 것이다.

* 오지랖이 넓은 자들은 기도할 시간이 없다.

* 열국의 아비 아브라함도 기도의 종이었다.

* 죄인이 하기 쉬운 것은 기도밖에 없다.

* 성도가 기도하지 않으면 삶이 고단해진다.

* 노력도 안 하고 안 된다는 것은 자포자기이다.

* 기도는 자기 생명을 사는 것이다.

* 기도는 자기의 앞길이 막히지 않고 모든 일을 주께 맡기고, 인적자원(사람들, 필자 주)이 아닌 자비로운 하나님을 의지하는 것이다.

* 가정에 영적 능력이 있는 용사가 있으면 소망이 없는 자도 살린다.

* 기도는 삶이 아니라 생명이다.

* 대속하신 그 사랑이 누구에게나 있는 것이 아니라 기도하고 회개하는 자들이 입는 은총이다.

* 기도하는 중심이 아버지와 아들에게 있지 않고, 이 땅에서 잘되기를 요청하는 자들은 기도하는 자신이 누구인지를 알지 못하고 세속적인 무속신앙에 불과하다.

* 앞가림도 하지 못하는 자들이 기도하지 않는 것은 자기 자신을 멸망으로 이끄는 것이다.

예언 노트

* 통성기도는 지속적으로 기도하기 어렵다.

* 밀이 까불면 어떻게 되느냐? 믿음도 까불어 봐야 어디에서 나는지 알지 않느냐? 어려운 가운데 빛나게 되는 것이 믿음이 아니더냐? 이레하시는 하나님을 삶 속에서 만나는 것이야말로 기도하는 종들의 기쁨이 아니더냐?

* 네 주인도 기도하는 습관이 필요한 만큼 너희들도 기도하는 습관이 마땅하지 아니하냐?

* 성령의 능력을 앞으로도 계속 구하도록 기도하라.

* 가련한 영혼은 기도와 말씀으로밖에 치유할 방법이 없다.

* 욥의 인내를 알고 더욱 기도에 매진하라.

* 기도하는 자는 예배에 참석하는 것이 아니라 예배의 도구가 되어야 한다.

* 인생에 짐이 많다고 하는 자들은 쉼 없는 기도를 모르는 자들이다.

* 기도는 사고 팔지는 말아라.

* 기도의 마침은 예수 그리스도라는 것도 기억하라.

* 아름다운 나라는 기도의 일꾼이 오는 곳이다.

* 기도의 중심이 하나님께만 가도록 하라.

* 기도의 성을 쌓아 가면 믿음은 자동으로 올라간다.

* 이천 년 전에 나는 기도의 사람으로 사람이 하는 것과 똑같은 훈련을 했다.

* 위로부터 오는 능력을 항시 구하라.

2. 기도에 대하여

* 통성기도는 지속적으로 기도하기 어렵다.

* 기도하는 자들은 시험을 능히 이기는 자들이다.

* 기도의 양을 갈수록 늘리고, 자기를 드리는 기도를 해야 한다.

* 인생의 막바지에 있는 자들의 기도의 능력이 자신의 문제를 해결하는 동력이 된다.

* 자기의 무덤을 파는 자들은 기도를 하지 않는 자들이다.

* 기도의 기쁨이 없는 자는 예배의 기쁨도 없다.

* 기도는 지혜로운 자들이 하는 것으로, 하나님께 맡기고 자기의 중심이 아버지께 가도록 모든 일을 하는 것이다.

* 매일 기도와 말씀이 네 양식이다.

* 내 양식이 아름드리 있도록 하라.

* 영적 욕심이 없는 자가 기도의 강을 건너는 것은 구름 위에 뜬 비와 같다.

* 회개가 없는 기도는 껍데기가 있을 뿐이다.

* 회개가 없는 기도는 자기의 의를 드러내는 기도이고 자신이 무엇을 잘 못했는지 모르는 기도이다.

* 기도의 짐을 가지고 사는 것은 나를 기쁘게 하는 것이다.

* 사람이 하나님의 뜻을 이루는 것은 기도밖에 없다.

* 내 샘에 와서 물 먹는 자는 기도하는 자들이다.

* 기도는 자기의 일을 아버지께 맡기는 유일한 수단이다.

* 기도는 자신의 주장을 내세우는 것이 아니고 아버지의 뜻을 세우는 것이다.

* 어둡고 캄캄한 날이 오기 전에 기도하라.

* 기도란 자기 십자가를 지고 따르는 것이다.

* 자기와의 싸움에서 늘 승리하고 지혜를 구하라.

* 기도의 종은 지혜로워야 한다.

* 믿음의 순도가 떨어지는 것은 기도의 불을 꺼뜨리기 때문이다.

* 주께 기도하는 자는 멸망하지 않는다.

* 물러서지 않는 자들이 기도의 용사들이다.

* 성인이 되어서도 하나님을 만나지 않는 자들은 기도하지 않기 때문이다.

* 기도의 산을 오르고 내려가지 말라.

* 기도의 목적과 동기가 거룩해야 한다.

* 기도는 쉬운 것도 어려운 것도 아니다.

* 예수 그리스도의 나라에 오는 자들은 기도의 끈을 놓지 않는 자들이다.

* 가족이 심판을 받지 않도록 기도하라.

* 기도는 시험에 걸려 넘어진 자들을 깨어 일으키는 힘이다.

* 기도는 자기 자신이 하는 기도보다, 성령에 이끌리어 기도하는 것이 지극히 크신 하나님이 받는 기도이다.

* 오늘도 기도의 창문이 닫히지 않도록 기도하라.

* 기도의 나팔을 불라.

* 아침을 기도로 열고 기도로 하루를 마쳐라.

* 날마다 기도의 짐을 지고 나를 따르라.

* 소금의 맛을 잃지 않도록 늘 기도와 말씀에 전념하라.

* 오늘의 기도의 양식이 부족하지 않도록 하라.

* 향기로운 제물이 되도록 기도하라.

* 내 마음에 합한 자들이 기도의 샘을 판다.

* 홍해를 가르는 믿음도 기도에서 나온다.

* 조국의 미래를 위해서 기도하라.

* 열매가 없는 자들은 기도의 강을 건너는 것이 우선이다.

* 기도훈련은 누에가 고치를 뜯고 나오는 것이다.

* 하나님께 신령한 제사는 회개이다.

* 천국보좌를 움직이는 기도는 자기 안에 그리스도를 모시는 것이다.

* 기도훈련을 마치는 자들은 성령의 인도하심을 받아 크고 비밀한 일들을
  알게 되고, 죄와 싸우는 능력을 받게 된다는 것을 알게 하라.

* 가장 중요한 것을 잃지 않도록 기도하라.

* 시험에서 건져 주기를 기도하라.

* 늪에 빠진 자를 구원하는 것은 기도밖에 없다.

* 식물인간도 기도로 일으킬 수 있지만, 그렇게 하기 위해서는 갑옷(전신
  갑주, 필자 주)이 튼튼해야 한다.

* 기도의 때를 놓치는 것은 사탄에게 기회를 주는 것이다.

* 날마다 기도의 날이 무뎌지지 않도록 기도의 날을 세워라.

* 기도의 샘이 마르지 않도록 기도하고, 자복하고 회개할 마음을 달라고
  기도하고, 시험에 빠지지 않게 해 달라고 기도하고, 지혜로운 종으로 충
  성할 것을 기도하라.

* 가정의 문제를 푸는 열쇠는 오직 기도뿐이다.

* 하나님은 말을 한다고 듣는 분이 아니다.

* 세상에서 늘 나와 함께하도록 깨어 기도하라.

* 멀리 있는 하나님을 찾지 말고 가까이 있는 하나님을 찾아라.

* 선물이 항상 있도록 깨어 기도하라.

* 자신을 드리는 기도를 하지 않고 형식적으로 한다.

* 오늘도 기도의 삶을 사는 사람들은 내 아들이다.

* 기초훈련(기도와 말씀, 필자 주)이 안 된 자들은 기도가 막힌다.

* 은혜가 있다는 것을 도둑이 알고 들어온다.

* 기도하는 자녀들은 내 나라에 넉넉히 들어감을 입고, 순종하지 않는 자
  들과 동성애자들은 지옥에 던져지게 될 것이다.

* 새 마음을 얻도록 기도하라.

* 기도응답은 하루아침에 오는 것이 아니라, 하나님과 하나가 될 때 오는
  것이다.

* 후히 주시고 꾸짖지 아니하시는 하나님께 구하라.

* 시험에서 이길 능력을 구하라.

* 돈이 우상이 된 나라를 건져 달라고 기도하라.

* 은혜를 모르는 자들은 자기 유익을 위해서만 기도한다.

* 하나님의 말씀의 깊이를 더 깨닫도록 기도하라.

* 기도의 성벽을 높이 쌓도록 기도하라.

* 나를 부지런히 찾아라.

* 기도란 자기의 뜻이 아닌 아버지의 뜻을 구하는 것이다.

* 기도란 아버지의 마음이 하늘에 닿게 하는 것이다.

* 종의 나라에 오지 않고 왕의 나라에 오는 자들은 기도를 쉬지 않고 하는
  자들이다.

* 조국의 미래를 위해 기도하라.

* 기도는 정세와 권세를 이기는 힘이다.

* 노동의 열매를 충분히 맺도록 기도하라.

* 기도는 지혜로운 자들이 하는, 주인에 대한 예의이다.

* 기도의 잔이 비지 않도록 하라.

* 기도의 노를 계속 저어라.

* 기도를 쉬지 않고 하는 자들이 나를 만난다.

* 주의 문이 닫히기 전에 기도하라.

* 기도의 단을 쌓아라.

* 무당처럼 "달라, 달라." 하지 말라.

* 기도 줄이 생명 줄임을 알고 기도하는 자는 절대 망하지 않는다.

* 아침저녁으로 아버지를 찾는 훈련을 하라.

* 성경에 기록된 대로 기도에 깨어 있는 자들이 나를 볼 것이다.

* 자복하고 회개하는 자들이 내게 올 수 있다.

* 모임이 많은 자들은 기도할 시간이 없다는 걸 알아라.

* 기도의 때와 장소를 구분 짓지 말라.

* 돈에 마음이 가지 않도록 늘 깨어서 기도하라.

* 교만한 자들이 기도를 하지 않는 게 그 증거이다.

* 한다면 하는 마음가짐이 있는 자들이 기도훈련을 통과한다.

* 온전히 상을 받도록 기도하라.

* 거룩함의 본질인 예수 그리스도를 닮지 않고는 기도의 일꾼이 될 수 없다. 거룩함이 몸으로 나타나야 한다.

* 이웃을 네 몸처럼 아끼는 것도 기도로 실천하라.

* 기도의 일꾼은 자기의 문이 어디에 있는지도 알고 있어야 한다.

* 기도의 일꾼들이 오는 날에는 내 기름을 준비하여 내 길을 밝히리라.

* 기도의 방향이 모순되지 않도록 주의하라.

* 말씀이 육신이 되어 오신 하나님은 어디서나 기도하는 사람에게 찾아온다.

* 나는 기도하는 종들이 기도하는 것을 보는 것이 가장 기쁘다.

* 석고대죄하는 자들은 망하지 않는다.

* 너희들이 어디에서 온 줄을 알면 기도의 본분을 잃지 않는다.

* 기도하지 아니하면 자기 뜻대로 살고자 하는 본성이 있다.

* 정강이를 꺾어라. (무릎을 꿇어라, 필자 주)

* 기분이 나쁠 때나 좋을 때나, 언제든지 기도하는 것을 잊지 말라.

* 억지로 기도하지 말고, 기도하는 대상이 하나님인 것을 알고, 두려움과 기쁨 중에 나아오라.

* 육적인 자들은 기회가 없음을 알고 기도해야 한다.

* 간절히 기도하는 것을 어려운 것으로 착각한다.

2. 기도에 대하여

* 네 믿음의 질을 계속 높이도록 기도하라.

* 기도하기 싫은 자들은 지옥행이라는 것도 알려라.

* 축복의 땅에 오는 날이 멀지 않은 자들은, 자기를 불쌍히 여겨 달라는 기도를 해야, 나도 그들을 불쌍히 여길 것이다.

* 너희 민족이 사는 길은 오직 기도뿐이다.

* 자기 연민에 빠진 기도는 지옥의 영들이 좋아하는 기도이다.

* 어려운 자들이 자기 연민에 빠지는 것은, 시험을 이길 능력을 갖추지 못하는 기도이기 때문이다.

* 골방에서 하는 기도가 나를 기쁘게 한다.

* 선교사의 피로 이루어진 한국교회가 기도의 불이 꺼지지 않도록 하라.

* 거룩한 양심이 있도록 깨어 기도하라.

* 성경적인 기도관을 확립하라.

* 나라의 운명과 자신의 운명이 하늘에 달려 있다는 것을 알고 기도하라.

* 기도원에 귀신이 많은 것은 기도에 집중하기보다 돈에 마음이 가 있기 때문이다.

* 고삐를 늦추지 말고 내 나라에 올 때까지 기도를 그치지 말라.

* 조국이 되고 안 되고는 나에게 달렸다는 것을 알고, 조국의 앞길에 대해서도 부지런히 기도하라.

* 악한 영에게 정복당하지 않도록 부지런히 기도하라.

* 헛된 영광을 구하는 자들은 잘못 구함이다.

* 기도의 열매를 따 먹는 재미로 사는 자들이 기도의 일꾼이다. 30배, 60

예언 노트

배, 100배의 효력이 발생한다.

* 기도란 사람이 하나님을 향한 가장 경이로운 행위이다.

* 하늘나라의 일꾼들이 거룩함을 잃으면 기도가 막힌다.

* 약관(성경, 필자 주)대로 기도하라.

* 여호와 이레가 항상 있기를 기도하라.

* 하나님을 만나는 비결은 집중과 인내이다.

* 기도의 날이 서 있어야 한다.

* 향기로운 제물이 되도록 기도하라.

* 목표 의식을 갖고 기도하라.

* 성막의 기본 원리를 깨닫기를 기도하라.

* 가족에게 속히 내가 들어가기를 기도하라.

* 선교사의 피로 얼룩진 한국교회를 일으켜 세우기를 기도하라.

* 야곱의 기도는 주인을 기쁘게 한다.

* 요청하는 기도가 아닌, 시험을 물리치는 기도를 하라.

* 처음 믿은 사랑을 잃지 않도록 기도하라.

* 시험에 들지 말고 깨어 기도하는 것을 잊지 말라.

* 아버지의 생명이 있게 하는 것은 오직 기도뿐이다.

* 기도의 강을 건넌 자들은 자기의 뜻이 아닌, 아버지의 뜻대로 살아가는 힘을 얻는다.

* 성경의 위인들도 기도의 나팔을 불었다.

* 기도의 강을 건너는 목적은 아버지의 뜻을 이루기 위함이다.

2. 기도에 대하여

* 가족이 기도의 강을 건너면 승리의 깃발을 꽂을 날도 온다.

* 하나님의 능력이 임하도록 기도에 힘쓰라.

* 기도의 몰입이 안 될 때는 악한 영의 공격이므로 축출기도를 하라.

* 기도의 문은 항상 열어 놓아야 나를 볼 수 있다.

* 복된 양식이 항상 있도록 기도에 힘쓰라.

* 한이 많은 백성들이 나를 찾는 것이 기도이다.

* 가슴에 있는 분노(恨, 필자 주)를 털어 내지 않으면 기도가 되지 않는다.

* 게으른 자(기도를 하지 않는 자, 필자 주)들은 천국에 들어갈 수 없다.

* 사랑이 식지 않도록 매일 기도에 힘쓰는 자들이 되라.

* 기도의 삶은 자기의 뜻이 아닌, 아버지의 뜻을 나타나기 위해서이다.

* 기도의 샘을 파고 묻지 말라.

* 용사는 기도의 성을 계속 쌓는 자들이다.

* 기도의 산이 무너지지 않도록 날마다 기도와 말씀을 다하라.

* 내가 만든 자들은 기도의 강이 은혜의 강이라는 것도 알라.

* 마음이 가난하지 않으면 기도응답을 받을 수 없다.

* 늘 기도에 가까이 가는 자들이 가난한 자들이다.

* 이 민족이 살 길은 오직 기도뿐이다.

* 폼 잡고 하는 기도는 하나님이 듣지 않는다.

* 내가 아버지 안에 있고, 아버지가 내 안에 있는 기도가 쉼 없는 기도이다.

* 양이 기도하지 않는다는 것은, 언제 이리가 와서 잡아먹을지 모르는 상태이다.

예언 노트

* 양이 이리한테 꼼짝 못하는 것은 기도하지 않기 때문이다.

* 선한 계획이 열매를 맺도록 깨어서 기도하라.

* 여호와 이레로 준비한 것이 많음을 알고 기도에 더욱 증진하라.

* 네 민족이 살 길은 오직 기도뿐이다.

* 산소를 공급받는 것은 기도뿐이다.

* 기도의 날(칼날, 필자 주)과 밀도를 더해 가라.

* 자기 스스로를 깨우는 것은 끊임없는 기도이다.

* 마음이 둔해지지 않도록 깨어서 기도하라.

* 회개하는 능력이 하나님께만 있음을 알라.

* 복음으로 통일되는 날이 있기를 기도하라.

* 하나님의 사람의 특징은 기도를 쉬지 않고 하는 것이다.

* 기름이 떨어지지 않도록 기도에 열심을 다하라.

* 기도하는 자들은 금송아지라도 얻을 수 있다.

* 적당히 기도하는 자들은 나를 만날 수 없다.

* 기도의 노를 더욱 저어라.

* 사무엘이 하나님을 잘 섬긴다는 것은, 기도를 쉬지 않고 하는 일이다.

* 가족 구원에 대해서 기도를 많이 하라.

* 절의 중들도 예불을 할 때 부처를 부르고 있다. (나무아미타불: '부처에게 귀
  의합니다.'라는 뜻, 필자 주)

* 시험에 들지 않게 깨어서 기도하라.

* 주인의 마음을 살피는 게 기도이다.

2. 기도에 대하여

* 성문이 닫히기 전에 기도하라.

* 깨닫기를 위해 기도하는 자들이 그리 많지 않다.

* 적당히 기도하는 자는 나를 만나지 못한다.

* 깊게 있는 물은 깊게 파야 한다.

* 하나님께서는 단시간에 만나는 것을 원하지 않고, 종일토록 너희와 함께 지내는 것을 원하신다.

* 인간의 학식은 끝이 있어도 내 지혜는 끝이 없고 무한대이다. 어려운 것들을 마음에 두지 말고 내게로 와서 나를 부르면, 네 앞길을 내가 열어 줄 것을 아는 것이 믿음의 사람임을 알고, 기도와 말씀으로 나를 섬기라.

* 기도를 쉬지 않고 하는 것이 지혜이다.

* 시험 많은 세상에서 사는 길은 기도뿐이다.

* 기도가 정말 중요한 것이, 사람이 할 수 없는 것을 하나님이 하시기 때문이다.

* 뱀과 싸우는 일이니 기도를 절대 쉬지 말라.

* 앞에 있는 것을 잡으려고 하다가는 마귀가 틈탄다. 이를 막는 일은 기도밖에 없다는 것을 알고 기도에 전력을 다하라.

* 기도를 쉬는 것은 자기의 의를 드러내는 것이다.

* 잘못이 있을 때는 즉각 회개하고, 자기의 의를 드러내지 않도록 기도에 최선을 다해라.

* 사탄이 틈타는 것은 기도를 쉬게 하는 것이다.

예언 노트

* 시험에 들지 않게 깨어서 기도하라.

* 사탄의 공격을 막는 것은 오직 기도뿐이다.

* 진리로 가는 길에는 미혹이 도사리고 있다.

* 시험이 오는 통로를 차단하는 것이 기도이다.

* 귀신의 목을 조르는 것도 기도밖에 없다.

* 시험이 많은 세상에서 사는 길은 오직 기도뿐이다.

* 기도의 강을 건넌다는 것은 자신이 믿는 하나님을 알고 바로 섬기는 것
  이다.

* 야심찬 기도를 하는 자들이 나를 만난다.

* 죽은 영혼을 살리는 것은 오직 기도뿐이다.

* 원하기 전에 응답하시는 이는 하나님이시다.

* 가정의 평강이 오는 길은 오직 기도뿐이다.

* 지혜로워지는 훈련이 기도훈련이다.

* 사단의 결박을 푸는 것도 기도뿐이다.

* 기도의 마지막은 하늘이다.

* 기도를 하지 않는 것은 자고(교만)함으로 자신을 나타내는 증거이다.

* 기도의 끈을 놓지 않는 것이 아름다운 나라에 오는 길임을 명심하라.

* 계속 기도의 나팔을 불어야 한다.

* 너희 조상 아브라함도 기도를 열심히 했다.

* 나를 귀찮게 하는 자들이 나를 만난다.

* 나를 보는 것을 싫어하는 자들은 문밖에 쪼그리고 앉아 기도에 집중하

2. 기도에 대하여

지 않고 자기 유익만을 구한다.

* 아침저녁으로 나를 만나고, 절대로 나를 놓치는 일이 없어야 천국에 상이 있다.

* 천국이 멀다는 것은 나를 만나지 않는 자들이고, 나를 만난 자들은 천국이 가까이 있다.

* 아침에 성문을 열고 저녁에 성문을 닫아라. (밤사이에 귀신들이 들어오기 때문이다, 필자 주)

* 계속 자신을 낮추는 훈련이 기도훈련이다.

* 얻기를 좋아하는 자들은 나를 경멸하는 것이다.

* 믿음에 찬 기도를 할 때까지 혹독하게 기도하라.

* 아침에 기도하는 것은 까닭 없이 너희를 짓밟는 자들로부터 보호받기 위함이다. 또 아침에 양들에게 마실 물을 준비하기 위함이다.

* 기도를 새(악한 영, 필자 주)가 먹고 올라오지 않는다.

* 나를 가장 뜨겁게 찾는 데로, 내가 찾아가 나를 나타낸다.

* 지도(성경, 필자 주)를 보고도 나를 따라오지 못한다. 아름다운 자들이 하는 기도는 영안이 띄여 지도를 보는 법을 깨달으려 하는 것이다.

* 기도로 아침을 열어라.

* 나는 마가 다락방이 어디인가를 살핀다.

* 하나님께 맡기는 훈련이 기도훈련이다.

* 의무적인 기도를 하지 말고 깊고 친밀한 기도를 하라.

* 자기에게 해가 되는 것을 구하는 자들이 많다.

* 전도할 대상의 목록을 적어서 기도하라.

* 기도에 더욱 자기를 드리기를 힘쓰라.

* 교회와 민족을 위해 기도하라.

* 저물어 가는 시대에서 나와 동행하는 길은 오직 기도뿐이다.

* 지옥의 권세를 바로잡는 것은 기도 외에 없다.

* 영혼의 자산이 없는 자들은 기도에 몰입하기 어렵다.

* 기도 방해 요소를 제거하지 않고는 나를 만날 수 없다.

* 우리가 악한 영에게 송두리째 잃은 것을 되찾을 때까지 기도하라.

* 항상 기도를 잊지 말고, 자기를 낮추어 종의 형체로 오신 주님을 높이는 자들이 나를 만나러 올 수 있고 세상에서도 주를 볼 수 있다.

* 나를 끝까지 따르는 자들이 나를 만나고, 조심하지 아니하면 넘어진다는 것을 알고, 시험하는 자들이 와서 유혹할 때 더욱 기도로써 굳게 함이 있어야 거룩함을 잃어버리지 아니하리라.

* 자신이 심판대 앞에서 부끄럽지 않게 하는 것은 오직 기도뿐이다.

* 기도의 삶을 사는 자들은 나도 그들을 돕고, 지혜로운 삶을 살도록 내가 지도하리라.

* 아름다운 영혼이 되는 길은 오직 기도뿐이다.

* 양심에 화인을 맞지 않고 사는 길은 오직 기도뿐이다.

* 왕의 이름을 부르는 게 얼마나 아름다우냐?

* 책임을 물으러 올 때, 부끄러움을 당하지 않도록 자신의 일을 담당하도록 힘쓰고 기도하라.

2. 기도에 대하여

* 모의고사를 치르는 것처럼 열심히 기도하면 누구나 하나님을 만난다.

* 잎에 물 주는 식의 기도는 귀신들도 시기하지 않는다.

* 비우는 자세를 가지고 기도하라.

* 항상 위로의 영을 모시는 것을 잊지 말고 기도에 더욱 힘쓰라.

* 아버지께로 돌아오는 기도를 하라.

* 정결한 마음이 없이 나를 찾는 것은 죄를 짓는 것이다.

* 기도를 쉬는 죄가 어떤 것보다 큰 죄이다.

* 내 백성이 하는 기도를 은혜로 갚겠다.

* 사람들이 그동안 하나님이 원하는 기도가 아니라 자기들이 원하는 기도를 했다.

* 하나님의 이름을 부르는 것을 악한 영들이 극도로 싫어한다.

* 길에서 나를 찾지 말고 골방에서 나를 찾으라. 길에서 나를 찾으면 악한 영이 삼킬 자를 찾다가 삼키기 때문이다.

* 교회나 기도원이 아니라, 집에서 기도하는 것이 가까운 데 있는 하나님을 찾는 것이다.

* 고칠 확률이 100%라는 것을 믿고 기도하라.

* 神(예수님, 필자 주)이 하는 기도를 따라 하는 것이 복이 있다.

* 승리의 문이 닫히지 않도록 쉬지 말고 기도하라.

* 기도한 지 얼마 안 되어, 나를 만난 것은 그들이 거룩한 일에 매진하였기 때문이다.

* 제자의 도리로 사는 것이 기도이다.

* 기도를 안 하는 자들이 무수히 시험에 걸려 넘어진다.

* 종살이 하던 때의 기도를 마치고, 지혜를 얻는 길로 들어서라.

* 고향에 올 때까지 이 기도를 계속하라.

* 무시로 기도해야 악한 영이 틈타지 않는다.

* 하박국의 기도를 하는 자가 복이 있다.

* 모든 것을 주님께 드리는 (혹은 맡기는) 훈련이 이 기도훈련이다.

* 인간의 기도를 하나님께서 들으시는 것 자체가 감사한 일이 아니냐?

* 바리새인의 기도를 따라한 자들은 열매가 없다.

* 기도를 방해하는 모든 것을 제거하라.

* 자기 발로 일어서게 하는 것이 이 기도훈련이다.

* 이 기도가 전도자를 낳는다.

* 내 종이 하는 기도를 따라하는 자들이 복이 있다.

* 오늘도 쉬지 않고 기도하는 자는 신랑이 오는 것을 사모하는 것이다.

* 깨어 기도하는 자들이 나를 만나리라.

* 기도하는 자들은 망하지 않는다.

* 영적 세계에도 약육강식의 법칙이 존재한다.

* 고난의 열매를 아는 자들이 하는 기도를 내가 기뻐한다.

* 이 기도는 내적치유에 지대한 영향을 미친다.

* 입에 발린 기도는 아무리 해도 응답이 없을 것이다.

* 무엇보다 예수 그리스도에 대한 믿음이 있어야 한다.

* 생명을 구하는 기도가 없다면 영생을 얻지 못한다.

* 기도를 쉬는 자들은 열매를 맺지 못하도록 가지를 잘라 버리겠다.

* 어릴 적부터 이 기도를 하면 삶이 순적하다.

* 이 기도는 주인을 찾는 기도이다.

* 이 기도훈련은 면류관을 얻는 길이다.

# 3.
# 삶에 대하여

* 인생의 목적이 무엇이냐? 나를 만나는 것이 아니겠느냐? 영생을 얻는 것이 아니겠느냐?

* 자기의 의를 드러내는 자를 조심하라.

* 선한 일꾼이 되어라.

* 진리를 아는 데 그치지 말고 행하라.

* 작은 일에 감사하라.

* 인생이 목적이 무엇이냐, 자신을 부인하고 하나님을 섬기는 것이다.

* 너희는 마음에 근심하지 말라. 주께서 함께하심이라.

* 그리스도의 부활을 노래하라.

* 가난이 너희를 못살게 하는 것이 아니라 죄가 너희를 못살게 하느니라. 마당에 심어진 씨앗을 보라. 그 열매가 나기까지 얼마나 힘드냐? 자기를 나타내지 않고 죽었다가 다시 태어나느니라. 네 마음에 씨앗을 퍼뜨려라. 싹이 나지 아니해도 두려워 말라.

* 작은 자에게 충성하라.

* 가시나무가 열매를 맺겠느냐?

* 네 마지막이 어떠하리라는 것을 항상 기억하라.

* 삶에서 예수 그리스도를 연주하라.

* 가지마다 열매를 맺으라.

* 고난이 네게 유익이다.

* 삶에 먼지가 쌓이지 않도록 하라. 성전이 더럽혀지면 누가 닦겠느냐?

* 기도와 말씀으로 삶을 거룩하게 하라.

* 거룩한 옷으로 덧입으라.

* 속이 빈 영혼들을 경계하고 배부른 영혼들을 조심하라.

* 죄가 마음을 지배하지 않도록 하라.

* 좁은 문으로 들어가라.

* 고난과 역경을 두려워 말라. 고난과 역경을 딛고 일어서라.

* 자기 마음을 다스리는 자는 성을 빼앗는 자보다 낫다.

* 재가 되지 않도록 주의하라.

* 자기 일을 잘하는 자는 복이 있다.

* 고된 일로 마음이 나뉘지 않도록 하라.

* 이생에 마음을 두지 말라.

* 인생의 목적이 무엇이냐, 하나님을 섬기고 그의 일을 하는 것이 아니겠느냐?

* 지옥불이 얼마나 뜨거운지 사람이 들어가서는 안 되는 곳이다. 그곳은 재가 되도록 타지 않는다.

* 무론대소하고 고난이 약이다.

* 고난이 양들을 진리 가운데로 인도한다.

* 시기와 분쟁이 없도록 하라.

* 가정에 하나님이 계시지 않으면 미움, 질투, 시기가 대신 채워진다.

* 미련한 곰을 피하라.

* 미련하고 어리석은 영혼들을 조심하라.

* 고난과 시험을 잘 구분하라.

* 영생의 복을 누리고 사는 것이 행복이다.

* 내일 일을 염려하지 말라. 내가 주인인 것을 잊지 말라.

* 환난을 당하면 즐거워하라.

* 怒(노)하는 자들을 조심하라.

* 인애를 배우라.

* 자기 영혼의 소리를 들으라.

* 노를 다스리지 못하면 화가 온다.

* 맛을 내는 사람이 되어라.

* 영생의 복을 누리고 사는 것이 행복이다.

* 고난과 역경을 통과한 자라야 나를 볼 수 있다.

* 네 길을 체크하라. 좌로나 우로나 치우치지 않게 하라.

* 서로 사랑하라.

* 닭이 울면 새벽이 온다.

* 위로와 격려에다 사랑을 더하라.

* 물고기가 물을 떠나면 멸망뿐이다.

* 고통이 주는 의미를 아느냐?

* 세속적이고 도량이 없는 자들을 무시하라.

* 동성애자를 배척하라.

* 미세한 죄의 먼지까지 털어 내라.

* 돈을 최고로 아는 우상숭배하는 영혼들.

* 물고기는 물에서 살아야 생명을 유지한다.

* 매도 맞아 본 사람이 매의 아픔을 안다.

* 怒(노)가 發(발)하지 않도록 기도하라.

* 산이 높으면 골이 깊다.

* 죄로 인해 마음이 어두워지지 않도록 하라.

* 정수리에 피가 나지 않도록 하라.

* 매미가 울면 여름이 온 줄 알라.

* 곰이 지혜를 내겠느냐?

* 정도를 벗어나지 말라.

* 권선징악.

* 술에 빠지고 나를 섬기겠느냐?

* 나귀의 뱃속에 무엇을 넣겠느냐?

* 있는 것으로 만족하고 주를 섬기라.

* 돈이 문제를 해결하는 것이 아니라 너희들을 다스리시고 운행하는 하나
  님이다.

* 살았다고 하는 자들 중에 죽은 자도 있다.

* 성도의 기본 道(도)를 모르고 산다.

* 시기와 다툼, 분노의 쓴 뿌리를 제거하라.

* 보이는 것으로 만족하지 말고 보이지 않는 것으로 만족하라.

* 신부의 모습을 유지하라.

* 눈이 밝으면 온 몸이 밝다.

* 돈이 필요하면 주기를 싫어하지 않는 하나님께 구하라.

* 준비하지 않은 영혼은 지옥 간다.

* 분주한 일을 만들지 말라.

* 수탉이 울면 새벽이 온다.

* 소망이 부끄럽지 않도록 하라.

* 눈이 밝으면 온몸도 밝다.

* 밀이 겨와 섞이겠느냐?

* 두 주인을 섬길 수 없다.

* 서로 사랑하라, 격려하라.

* 돈에 치중하지 말고, 기도로 무조건 이겨라.

* 당아새처럼 살지 말고 주 안에서 기뻐하는 삶을 살라.

* 미리 걱정하지도, 염려하지도 마라.

* 돈이 부족하면 기도하고 요청하라.

* 시험이나 환란을 두려워하지 말고 이겨 내라.

* 성결한 마음을 유지하라.

* 빛도 짓고 어둠도 짓는 나에게 지혜와 명철이 있다.

* 고난이 약이다.

* 나귀 귀를 잡고 때려 보라, 말을 듣나?

* 논쟁은 무의미하다. 못 들은 체하고 귀를 막는다.

* 돌들이 입을 열 때가 오나니, 바로 이때라.

* 영생이 이토록 중요한지를 사람들이 모르고 산다.

* 주는 일에 인색하지 말아야 한다.

* 영혼에 기쁨이 있는지를 늘 살피라.

* 이기는지, 지는지도 모르고 살고 있다.

* 인생이 무엇이냐, 기도하고 하나님을 섬기는 것이다.

* 밀이 겨와 같겠느냐?

* 사랑은 이기는 것이 아니고 지는 것이다.

* 선과 악이 무엇이냐? 하나님을 사랑하고 네 이웃을 사랑하는 것이다.

* 모두에게 편견이 없게 하라.

* 주는 것이 받는 것보다 귀하다.

* 주를 기쁘시게 하는 삶을 살라.

* 오 리를 가고자 하면 십 리를 가라.

* 기독교의 윤리인 사랑을 바탕으로 일하라.

* 성결한 영으로 살아가기를 힘쓰라.

* 두 주인을 섬길 수 없나니, 한 주인은 돈을 한 주인은 선을 추구한다.

* 자고하지 않게 주와 동행하는 삶을 살라.

* 감정의 폭을 줄이고 기도로 마음을 다스리라.

* 사랑 안에서 모든 것을 이루도록 하라.

* 교만과 악한 것은 동일하다.

* 예수님은 십자가의 죽음 앞에서도 분쟁하지 않으셨다.

* 기쁨을 잃어버리면 성전이 힘이 없다.

* 화가 나면 기도로써 마음을 다스려야 한다.

* 욕심이 없어야 기쁨이 찾아온다.

* 교만이 너를 덮지 않도록 하라.

* 옥죄는 삶을 살지 말고 영생의 기쁨을 맛보며 살라.

* 유한한 삶을 기도로 잘 마무리하라.

* 신랑이 오는 소리를 늘 들으며 살아야 한다.

* 용서하는 일을 자주 하라.

* 말을 삼가고 곤비하지 않도록 기도에 힘쓰라.

* 교만이 너를 사로잡지 못하도록 기도와 말씀으로 늘 무장하라.

* 육에 속한 사람은 육의 일을 생각하고, 영에 속한 사람은 영의 일을 생
  각한다.

* 헛된 일에 마음을 두지 말라.

* 문제를 두려워 말고 이기려고 하라.

* 육신의 일을 도모하지 말라.

* 복도 구하면 찾아온다.

* 입에 거미줄 치겠느냐?

* 굶지 않을 테니 일에 매달리지 말라.

* 교만한 마음이 침투하지 못하도록 늘 마음을 청소하라.

* 성공도 기도하면 이루어진다.

* 기쁨이 충만한지 늘 확인하라.

* 일에 미친 사람들이 기도의 양을 늘리지 못한다.

* 마음을 뜨겁게 하라. 사랑을 드러내 보여라.

* 사랑은 모든 자에게 필요한 덕목이다.

* 사람을 의지하지 말라, 너희 도움이 어디에서 오냐?

* 세속적이고 마귀적인 것들을 피해라.

* 내가 너희와 함께하겠다. 너희 삶을 잔잔하게 해 주겠다.

* 너희 언행을 조심하라.

* 사람을 경계하고 조심하라.

* 사람의 일에 일희일비하지 말라.

* 어떤 일이든지 내게 구하라.

* 서로 용서하고 사랑하라.

* 너희 염려를 주께 맡겨라.

* 수고하고 무거운 짐을 맡겨라.

* 시작하는 것이 중요한 게 아니고, 하나님 뜻대로 경영하는 것이 중요하다.

* 수고하고 무거운 짐을 진 자들아, 다 내게로 오라.

* 생활하면서도 하나님을 잊지 말고 찾으라.

* 서로가 서로를 사랑하라.

* 고통당하는 때가 이를 것이다.

* 성내고 화내는 일이 내게 마땅치 아니하다.

* 육체의 고난을 두려워 말라.

* 먼저 용서하고 남을 배려하라.

* 사랑하고 위로하고 격려해 주라.

* 서로 서로 위로하라.

* 수고하고 모든 짐을 맡겨라.

* 속된 것을 구별하고 세속적인 것을 멀리하라.

* 감사하는 사람이 되라.

* 마음을 높이지 말고 겸손하라.

* 만나는 사람들에게 주의 거룩하심을 나타내라.

* 세상에 속한 욕심을 버려라.

* 모든 일에 심사숙고하라.

* 미리 계산하지 말고 기도로 맡기라.

* 매사에 하나님의 능력으로 하라.

* 삶이 어렵고 힘들더라도 하나님을 경외하는 삶을 살라.

* 세상의 물질의 유혹을 조심하라.

* 생활의 염려로 마음이 둔해지지 않도록 조심하라.

* 참아 기다리는 성품을 가지라.

* 용서하는 마음을 가지라.

* 노인들을 사랑하라.

* 자기의 유익을 구하지 말라.

* 오만, 자만, 교만하지 말라.

* 지혜와 권능을 받으라.

* 나는 지혜로 세상을 창조했다.

* 서로 사랑하라.

* 삶의 무게를 줄이라.

* 용서하는 삶을 살라.

* 죄로 가득한 유혹의 삶을 멀리하라.

* 가지치기(성전을 깨끗하게 함, 필자 주)를 하라.

* 마음을 낮추라.

* 내일 일을 염려하지 말라.

* 너구리(지혜 없는 자, 필자 주)가 곰(미련한 자, 필자 주)을 잡아먹게 생겼다.

* 자고하지 않게 하라.

* 지혜를 구하라.

* 입도 즐거워야 기력이 산다.

* 걱정, 근심, 무거운 짐은 내게 다 맡겨라. 내가 이루리라.

* 술 취한 사람이 내 이름을 어떻게 알겠느냐?

* 일에 지친 사람이 내 이름을 어떻게 알겠느냐?

* 기도의 선물을 받아 누리는 것이 인생이다.

* 들에 있는 백합화도 먹이시거늘 너희들일까 보냐?

* 교만 같은 악은 나를 가장 침해하는 악이다.

* 고난이 네게 유익이라.

* 가정을 기도하는 집으로 만들어야 한다.

* 기도의 가정은 이루 말할 것도 없이 기쁨이 찾아온다.

* 세상적이고 세속적인 것을 피하라.

* 인생의 짐이 무엇이든 내게 맡겨라.

* 생활이 중요하냐? 생명이 중요하냐?

* 말이 씨가 되지 않도록 조심하라. (부정적인 말이나 믿음 없는 말은 생각 속에서 자란다, 필자 주)

* 일에 매인 자들은 기도의 질을 높이기 어렵다. 기쁨이 사라지는 것도 모르고 산다. 보혜사 성령의 인도하심도 모르고 산다.

* 이 세상의 지혜나 머리로 일하지 말라.

* 낙이 있다고 할 때가 위험하다.

* 영혼에 자유가 있는 자들이 아름답다.

* 네 지혜로 하지 말고 기도와 말씀으로 하나님께서 주시는 지혜의 벽을 쌓아가야 한다.

* 쓰임에 합당하게 생활하라.

* 매(고난, 필자 주)를 두려워하지 말고 기뻐하라.

* 자기의 의를 드러내는 자들은 지옥의 권세에 잡혀 있다.

* 세상이 너희를 두렵게 할지라도 두려워하지 말고 기도로써 나아가라.

* 자신을 기쁘게 말고 예수 그리스도를 기뻐하는 삶을 살라.

3. 삶에 대하여

* 네 지혜로 무엇을 하지 말라.

* 배도 불러 본 사람이 안다. (기적을 체험한 사람이 하나님의 능력을 안다는 뜻,
  필자 주)

* 돈이 자유함을 주지 못하느니라.

* 앞이 안 보일 때는 기도하고 때를 기다리라.

* 재기도 기도하면 이루어진다.

* 여호와 이레로 일용할 양식을 구하라.

* 예수 그리스도의 증인이 되는 삶을 지속하라.

* 인생의 낙이 무엇이냐? 하나님을 사랑하고 기뻐하는 것이 아니냐?

* 죄로부터 늘 멀리하는 삶을 살아라.

* 기회(하나님의 도우심, 필자 주)를 자기 것으로 삼으라.

* 세월이 가기 전에 기도와 말씀으로 준비하라.

* 시험에 빠질까 염려하라.

* 내일 일을 염려하지 말고, 일에 집착하지 말라.

* 어둠(악한 영이 지배하는 세상, 필자 주)에 나가지 않도록 주의하라.

* 지혜로운 가정은 기도를 쉬지 않는다.

* 가정이 몰락하는 경우도 기도를 하지 않기 때문이다.

* 마귀에게 시험당하지 않는 삶은 기도뿐이다.

* 일에 지혜를 구하라. 조금도 염려하지 말라.

* 범사에 감사하는 삶을 살기를 노력하라.

* 고통도 이겨 봐야 고통을 안다.

예언 노트

* 시험을 참아야 비로소 인내를 얻을 수 있다.

* 속사람도 겉사람처럼 깨끗하여야 한다.

* 시험 많은 세상에서 살아가는 길은 오직 기도뿐이다.

* 헛된 일에 쫓기지 말고 영혼이 사는 일에 마음을 다하라.

* 속이 빈 영혼들이 기도를 하지 않고 일상에 매여 산다.

* 목이 곧은 자들은 기도는 하지 않고 일에 몰두한다.

* 인생의 짐이 무엇이든지 내게 가져와라.

* 생활의 염려로 마음이 둔해지지 않도록 조심하라.

* 돈에 모든 것을 바친 영혼은 돈으로 망한다.

* 용서하고 사랑하는 마음을 지녀야 함을 잊지 말아라.

* 용서하는 마음을 갖고 이 땅에서 살아가야 함을 잊지 말아라.

* 인생의 짐은 무엇이든지 가져오라.

* 시험 많은 세상에서 주와 동행하는 삶을 살기를 힘쓰라.

* 복이 위로부터 오는 것인지, 땅으로부터 오는 것인지 확인하라.

* 삶의 질이 떨어지는 것을 두려워 말고 기도와 말씀으로 모든 걸 이겨라.

* 기도의 삶은 고통 없는 삶을 사모하기 위함이라.

* 삶의 능력이 있는 것은 기도의 능력과 흡사하다.

* 진로가 막힐 때 사람들은 기도하고 기다리지 못하고 세상 방법으로 선
  택한다.

* 논쟁은 아무런 유익이 없다.

* 고루한 생각을 하지 말고 지혜롭게 생각하라.

3. 삶에 대하여

* 지혜로운 가정은 주리고 목마름이 없는 가정이어야 한다.

* 희로애락이 있는 이 땅에서는 말씀과 기도와 거룩함을 잃어서는 안 된다.

* 자기의 일을 자기가 알아서 하는 것이 지혜이다.

* 제도(세상의 제도 · 법, 필자 주)를 무시하는 것도 이롭지 않다.

* 신속한 결단은 지혜롭지 못하다.

* 위로 다음으로 가장 중요한 것이 사랑이다.

* 앞도 보고 뒤도 보라. (잘 살피고 살아야 한다, 필자 주)

* 몸을 고단하게 하지 말라.

* 충분히 쉬라.

* 인생의 짐을 자루에 넣어 가지고 오너라.

* 일벌레들은 기도조차 하지 않는다.

* 모든 영광을 하나님께 돌리는 삶을 추구하라.

* 우는 자들과 함께 울라.

* 인생의 짐이 계속 쌓이기 전에 내게 가져오라.

* 인생의 짐은 자신이 만들고 기회는 하나님이 주신다.

* 성공에 집착하지 말고 지혜롭고 아름다운 자들이 되라.

* 일만 하다 죽은 자들은 일로 망한다.

* 세상과 짝하는 자는 나를 만날 수 없다.

* 일상에 매어 죄를 깨닫지 못하는 자들이 많다.

* 美(미)에 대해서 집착하지 않는 것이 좋으니라.

* 인생의 마지막도 모르는 자들이 우상의 제물을 먹고 마신다.

* 물질의 고통을 받는 자들도 보혈의 능력에 힘입어 기도하면 벗어날 수 있다.

* 가정에 십자가가 없는 자들은 마귀의 천국이다.

* 인생의 짐이 많은 자들은 기도를 하지 않기 때문이다. 평강의 왕이 오시면 평안하다.

* 인생은 새옹지마이다.

* 자기의 뜻을 굽히고 하나님의 영광을 구하는 삶을 살라.

* 자기 힘으로 모든 일을 하려는 사람은 자기 힘으로 살아야 한다.

* 세상의 법률과 제도도 내 아래에 있다.

* 돈도 중요하지만 돈에 빠지지 말라.

* 천국의 곳간이 얼마나 큰지 너희는 아느냐?

* 번 아웃(burn-out, 탈진)이 되도록 일을 하지 말라.

* 힘에 부치도록 일하는 것은 내 뜻이 아니고 자기 욕심이다.

* 용서받는 것보다 용서하는 것이 좋으니라.

* 사랑을 심고 거두지는 말아라.

* 자신들의 눈이 어디를 향하고 있는지 항상 살피라.

* 사랑의 도구가 되라.

* 섬김이 없는 사람은 아무 의미가 없는 인생을 산다.

* 이해받는 자들이 아닌 이해하는 자들이 되라.

* 하나님의 성품을 닮은 자들이 내 자녀라 일컬음을 받을 것이다.

3. 삶에 대하여

* 세상은 온통 기회주의자들로 판치고 있다.

* 하나님을 계속 부르는 가정은, 하나님의 보호 아래 가정이 평안하다.

* 가정도 기도의 강물이 흐르게 하려면 사랑이 동반되어야 한다.

* 능력 없는 자들은 자신의 지식으로 일을 한다. 사울이 바로 그런 사람이다.

* 욕심이 많은 자들은 내 나라에 들어오지 못한다.

* 용서는 자기에게 필요한 것이다.

* 인생의 가장 큰 복은 하나님을 가지는 것이다.

* 독이 든 사과를 먹는 것이 시험에 빠지는 것이다.

* Sensor(센서) 있는(하나님에게 민감한, 필자 주) 자녀로 키우라.

* 나는 인생의 문제를 해결할 수 있는 능력이 있다.

* 가족의 눈에서 눈물이 없어야 평안한 삶을 살 수 있다.

* 용서가 없는 가정은 평안함이 없는 가정이다.

* 사망이 다른 게 아니고 용서하지 않는 데서 나온다.

* 사망에 앉은 자들은 부끄러운 일을 계속 반복한다.

* 죄가 되는 것을 바꾸지 않으면 사망이 들어온다.

* 용사의 무기는 죄를 척결하는 것이다.

* 죄를 낳고 또 낳는 것이 사망이다.

* 영혼이 아름다운 자들이 자유를 누린다.

* 성도의 가정은 하나님을 가르치지 않으면 행복한 아이들이 되지 않는다. 학원에 아이들을 보내는 것은 살기 위한 전쟁터에 나가기 위함이다.

＊ 낮에 다니는 사람과 사귀라.

＊ 자기 꾀에 빠지는 자들과 사귀지 말라.

＊ 주께서 인도한 대로, 이 세상을 살아가는 자들은 복이 있다.

＊ 이기는 지혜로 나를 따르는 자들은 망하지 않는다.

＊ 가난에 찌든 것은 하나님께서 돌보지 않기 때문이다.

# 4.
# 사역에 대하여

* 기도와 말씀으로 가르쳐라.

* 사랑하는 종아, 예수 그리스도의 흔적을 지녀라.

* 종아, 기도와 말씀에 전념하고 사심이 없는 목회를 하라.

* 종의 본분을 잊지 말라.

* 착한 목자의 상을 구비하라.

* 선한 역사를 위해 힘을 내라.

* 종이 나팔을 불지 말라.

* 좋은 양을 골라서 지도자를 만들라.

* 잠든 영혼을 깨우고 일으키라.

* 시온의 꿈을 잃지 말라.

* 종의 임무를 다하라.

* 내 마음에 합당한 기도훈련을 계속하라.

* 하나님의 일을 하는 것으로 만족하라.

* 기도와 말씀으로 가르치라. 혼자서는 아니 되되 너희 성령께서 함께하

시느니라.

* 내가 너희들을 위해 일하겠다.

* 내 나라에 이를 자들을 모으라.

* 진심으로 예배하는 자들을 찾으라.

* 내 잔치에 참여할 자를 모으라.

* 苦盡甘來(고진감래).

* 믿음이 없는 자를 위로하고 격려하라.

* 소망이 무엇인지 알게 하라.

* 미련한 양들을 일으켜 세우고 지혜롭고 견실한 양들을 가르치라.

* 이제 막 태어난 자녀들을 위로하라.

* 배가 부흥을 위해 기도하라.

* 모가 난 자들을 위해 기도하라.

* 양 무리의 본이 되라.

* 죽은 영혼을 살리는 것이 사역이다.

* 성장이 안 되는 양들을 위해 기도하라.

* 상한 영혼을 위해 기도하고 격려하라.

* 종이 된 것을 사랑하고 지혜와 믿음을 달라고 기도하라.

* 기도가 종의 본분임을 알아라.

* 교훈과 책망과 의로 교육함과 바르게 함과 무익하지 않게 하라.

* 기도하지 않는 종은 거만한 종이다.

* 기도하는 종은 기도를 쉬는 죄를 범치 않아야 한다.

4. 사역에 대하여

* 속이 빈 영혼들을 지도하고 가르쳐라.

* 희생이 따르더라도, 조급하게 생각하지 말고 가르치라.

* 골이 깊으면 산도 높다.

* 종들은 믿음을 파악해서 기도하는 영혼들로 세워라.

* 종은 주인을 기다리는 것을 모색해야 한다.

* 돈에 눈이 먼 영혼들을 위해 기도하라.

* 한 마리의 잃어버린 양, 영혼을 찾으라.

* 선한 일에 열매가 없겠느냐?

* 미련한 양들을 지도하는 데는, 허리에서 난 지혜가 필요하다.

* 주의 성령으로 가르쳐라.

* 종이 된 것을 기뻐하라.

* 노력하는 영혼들을 키우라.

* 너는 마음을 다하여서 자는 영혼을 깨우고 일으키라.

* 머리로 일하지 말고 지혜로 일하라.

* 어렵고 힘들더라도 주가 함께한다는 것을 잊지 말라. 종의 본분을 다하
  라. 기도로 모든 것을 이겨 내라.

* 나누어 주는 자를 축복하라.

* 믿음이 없는 자를 불쌍히 여기라.

* 종은 기도를 못하는 이유를 달면 안 된다.

* 성령의 이끌림을 받는 사역을 하라.

* 주리고 목마른 영혼을 구원하라.

* 영생의 주인을 잊지 말라.

* 영생이 있음을 알게 하라.

* 고통받는 영혼들을 제자화 시켜라.

* 내가 맡겨 놓은 것을 보여 주라.

* 종은 군사를 모집한 자를 기쁘게 해야 한다.

* 종은 기도를 쉬는 것이 가장 위험하다.

* 종은 기도를 쉬는 죄가 가장 크다.

* 교회와 민족을 사랑하는 종이 되어라.

* 사랑하는 종아, 기도를 게을리하지 말고 종의 본분을 다하라.

* 지도력을 키워라.

* 속이 빈 영혼들을 지도하고 지혜를 더하라.

* 자도록 내버려 두지 말고 깨우라.

* 반드시 기도와 말씀으로 훈련하라.

* 종아, 기도하는 것을 지도하고 가르쳐라.

* 건전한 믿음 방식을 육성하라.

* 소(일꾼이나 종, 필자 주)는 자기를 고용한 자를 기쁘게 한다.

* 사명을 받은 자들은 기도를 게을리해서는 안 된다.

* 소는 지혜를 구해야 한다.

* 소는 기도하는 것이 최우선이다.

* 양식이 부족한 자를 늘 체크하라.

* 종의 이름은 있으나 종의 본분을 잊은 자들이 많다.

4. 사역에 대하여

* 소는 기도를 쉬는 죄를 범하면 안 된다.

* 구한말 시대의 종들은 나라와 민족을 구하기 위해 기도했다.

* 종은 주인의 목소리를 들을 줄 알아야 한다.

* 미련한 자가 지혜를 내겠느냐? 지혜로운 종이 지혜를 내느니라.

* 밑 빠진 독을 누가 쓰겠느냐?

* 죄의 종의 멍에를 메지 말라.

* 종은 늘 낮아지기를 기도하라.

* 서고 앉는 자들을 도와주라.

* 저는 자들을 일으켜 세우고 상처 입은 자들을 싸매 주라.

* 믿음이 없는 자들은 보혈을 의지하도록 하라.

* 나는 지도자를 명령할 때 순종하는 자들을 쓴다.

* 믿음이 없는 자들을 불쌍히 여기고 기도하라.

* 소는 지도력이 있어야 한다.

* 사도 바울의 지도력을 본받으라.

* 모닥불이 큰불을 일으킨다.

* 자신을 기쁘게 하지 말고 주인을 기쁘게 하라.

* 선지자는 죽기를 각오하고 너희를 아프게 하는 양을 돌보아야 한다.

* 종도 기도하지 않으면 지옥으로 간다.

* 너희는 지도받는 영혼(양)들이 주인을 찾는지 살피라.

* 성령의 도움으로, 지도하는 능력을 구하라.

* 선한 지도자를 지도하라.

* 전도를 지도하라.

* 성도들의 아픔을 이해하고 기도하라.

* 선지자적 사명을 다하라.

* 심령이 가난한 자를 보살피라.

* 심령이 가난한 자를 구하라.

* 믿음이 없는 자들을 기도하고 지도하라.

* 종말이 오면 믿음이 식어진다. 마지막 일을 기록하여 알려라.

* 섬기는 자세로 일하라.

* 누리려는 생각을 버려라.

* 믿고 순종하는 자를 지도하라.

* 종이 기도하지 않으면 주인의 마음을 아프게 한다.

* 종이 기도하지 않으면 짐이 무거워진다.

* 믿음이 연약한 자를 위로하고 도고하라.

* 종이 기도를 안 하면 주인의 뜻을 모른다.

* 종이 기도하지 않으면 조급증만 생긴다.

* 잠들어 있는 영혼들을 일으키고 지도하라.

* 종이 시험이 들면 누가 기도하냐?

* 몸 된 교회를 사랑하고 기도로 일으키라.

* 종은 마음이 깨끗하여야 한다.

* 영생의 도구로 사는 것이 얼마나 기쁘냐?

* 종이 기도하지 않으면 지혜가 없어진다.

* 중심이 약한 자들을 위로하고 지옥의 권세들을 이기도록 기도하라.
* 나비(선지자라는 의미의 히브리어, 필자 주)들은 위로부터 오는 능력을 구해야 한다.
* 말을 듣지 않는 종도 있다.
* 종이 주인을 닮아야 일하는 법을 배운다.
* 인도하는 양들이 지혜를 얻도록 기도하라.
* 지도받는 양들이 기도하는 것을 잊고 살 때가 많다.
* 지도를 계속하고, 이름도 없이 빛도 없이 일하라.
* 지혜를 바탕으로 일하라.
* 뉘 집에 기도가 막히는 것을 살펴보라.
* 종이 주인을 닮지 않으면 누구를 닮겠느냐?
* 종이 기도가 막히면 지혜를 잃는다.
* 시름에 잠긴 영혼들을 구원하라.
* 섬김을 배우라, 섬기지 않으면 종이 아니다.
* 遊離(유리)하는 양들을 키우고 일으켜 나가라.
* 여호와 이레로 준비한 것이 많으니 신부를 깨워서 신랑이 오는 것을 듣게 하라.
* 주인이 일하는 것을 보고 종도 일을 하라.
* 종은 주인을 기쁘시게 하는 것이, 이루고자 하는 목표보다 더 중요하다.
* 도무지 기도하지 않는 종도 있다.
* 종도 기도하지 않으면 일이 잘 풀리지 않는다.

* 준비하는 일이 더디다고 하지 말고 이적과 기적을 나타내라.

* 소그룹을 창설하고 몰려올 물고기들을 대비하라.

* 기쁨이 없는 자들을 위로하고 기도로 양육하라.

* 고독한 자들을 위로하고 기도로 양육하라.

* 종들이 기도를 하지 않고 자고 있다.

* 신분이 낮은 사람일수록 더 우대하라.

* 지옥의 권세를 다룰 줄 모르는 종도 있다.

* 양은 지렛대 위에 올려놓아야 올라간다. (기도해야 신앙이 성장한다는 뜻, 필자 주)

* 높은 자리에 올라가는 것보다 낮은 자리에서 일하는 것을 내가 더 기뻐한다.

* 준비된 믿음으로 기름부음이 넘치는 사역을 하라.

* 성령의 도구로 살아가는 것으로 위로를 삼아라.

* 주리고 목마른 영혼을 위해서 살라.

* 부지런히 기도하고 이름도 없이 빛도 없이 살아가라.

* 종도 기도하지 않은 종은 무익한 종이다.

* 종이 기도하지 않으면 시험이 들어온다.

* 성도를 귀하게 여기고 조급하게 다루지 마라.

* 자는 영혼들을 기도로 깨우라.

* 주리고 목마른 자 앞에서도 사랑과 온유함으로 일하라.

* 종이 기도를 하지 않는 것은 직무유기이다.

4. 사역에 대하여

* 윗물이 맑아야 아랫물도 맑다.

* 청지기 된 도리를 다하고 기도로써 모든 것을 이겨 내라.

* 시름에 잠긴 영혼들을 일어나 걷게 하라.

* 시름에 잠긴 영혼들을 기도하여 일으키라.

* 오직 기도로 사명을 감당하라.

* 기도훈련, 전도훈련, 말씀을 전하고 영생을 준비시켜라.

* 육신의 눈으로 보지 말고 영의 눈으로 보라.

* 기름부은 종은 주리고 목마른 영혼을 불쌍히 여겨야 한다.

* 일꾼은 궂은일 하는 것, 남들이 하지 않는 일을 하는 것이다.

* 기름부어 세운 종은 기뻐하는 종이다.

* 교회를 사랑하고 민족을 사랑하는 지도자가 되라.

* 영생이 귀하다는 것을 깨우치라.

* 나를 위해 수고하는 자들을 내가 굶게 하겠느냐?

* 기름부은 종은 가정이 무너지면 일으키는 종이다.

* 하나님의 이름이 빛이 나게 하라.

* 遊離(유리)하는 양들을 찾아 기도와 말씀으로 가르쳐라.

* 사람을 보지 말고 기도와 말씀으로 행하라.

* 오직 기도와 말씀으로 우리 주의 뜻을 이루거라.

* 구해 내야 할 영혼들이 많고, 어려운 영혼들은 어디에나 있다.

* 성령의 도구로 사는 것이 얼마나 기쁘냐?

* 성령의 사람이 성령의 도구이다.

* 기업을 무를 자(예수님, 필자 주)를 찾아라.

* 곰 중에 미련한 곰이 기도를 안 하는 곰이다.

* 거룩한 일에 이름도 없이 빛도 없이 일하라.

* 영생이 어떤 일보다도 귀한 것이라는 것을 알게 하라.

* 이름도 없이 빛도 없이 사역하는 것이 기도이다.

* 고통 중에 있는 사람을 일으키라.

* 하나님이 기뻐하는 사역에는 천국에서 상이 있다.

* 영적인 자녀들을 위해 기도하라.

* 잃어버린 양들을 찾아서 내게 돌려 달라.

* 여호와의 종들아, 너희는 사람을 두려워 말라. 사람은 사람일 뿐이다.

* 기도의 모범을 보여라.

* 너희들의 사역이 내 사역이고, 내 사역이 너희들의 사역이다.

* 지혜가 사역의 무기이다. 하나님의 사랑을 배우라.

* 양들을 하나님의 말씀으로 가르치기에 게으르지 말라.

* 칼(지혜, 필자 주)이 무디면 어디에 쓰겠느냐?

* 사역에는 고난이 있으리니, 고난을 두려워말고 성령님과 함께 사역을
  이루어 나가라.

* 어렵고 힘든 일이 있을 때마다 성령께 기도하여 도움을 요청하라.

* 사랑하는 종아, 내 말을 지키고 행하는 일에 주력하라.

* 일꾼을 요청하라.

* 알에서 깨어나도록 기도하라.

4. 사역에 대하여

* 말씀과 기도만이 사역의 힘이다.

* 어두운 데 빠진 영혼들을 구하라.

* 사역의 본질을 언제나 잃지 말라.

* 너희는 사역을 통해 영광을 받으리라.

* 내가 너희를 아낀 것처럼 너희에게 보내 주는 양들을 아끼고 사랑하라.

* 믿음이 없는 자를 불쌍히 여기라.

* 나의 깊은 뜻을 알아낼 때까지 기도하고 말씀으로 무장하라.

* 말씀에 기초한 사역을 하라.

* 나누어 주고 베풀어 주는 사역을 하라.

* 가난한 이웃을 돌보라.

* 두렵고 떨림으로 주의 뜻을 이루라.

* 말씀과 기도로 무장하고 범사에 능력 있는 기도로 요청하라.

* 기초 체력(기도와 말씀, 필자 주)을 다지라.

* 사람의 말로 사역하지 말고 성경에 기록한 하나님의 뜻을 전하라.

* 남에게 보이는 사역을 하려고 하지 말라.

* 거듭남을 강조하라.

* 사역을 방해하는 악한 세력들이 틈타지 않도록 주의하라.

* 물과 성령으로 거듭나게 하는 가르침이 중요하다.

* 노래하는 그룹을 만들라. 나는 찬양받기를 좋아한다.

* 양 떼들을 잘 인도하라.

* 나의 양 떼들을 너희에게 보내었으니 힘을 다하여 돌보라.

* 인간의 힘으로 하지 말고 성령의 능력으로 사역하라.

* 그리스도의 보혈을 잊지 말라.

* 성령의 도우심을 강력하게 요청하라.

* 계산된 믿음으로 하지 말고 오직 성령의 인도하심을 따르라.

* 순수한 기도모임을 하라.

* 행위나 거짓된 마음으로 하지 말라.

* 경건한 마음으로 하라.

* 하나님을 만나는 훈련을 해야 고난에 동참하는 사역을 하게 된다.

* 방해하려고 하는 악한 종들도 있을 것이다. 미리 일러둔다.

* 내 말을 듣는 것이 내 종이다.

* 사랑하는 종들아, 주의 사랑 안에 거하라. 나도 너희 안에 거하리라.

* 제자들을 모세처럼 가르치고 세워라.

* 물과 성령으로 거듭나지 아니하면 천국에 들어갈 수 없다. 거듭남을 강
  조하라.

* 함께 기도하여 하나님 나라에 넉넉히 들어감을 얻으라.

* 내가 갈 때까지 사역을 계속하라.

* 너희의 사역을 기뻐한다.

* 양들을 위해 염려하지 말라. 내 양들이 아니더냐? 내 양 무리들을 인도
  하겠다. 나의 양들이니 내가 인도하겠다.

* 영혼을 사랑하는 목자가 되어라.

* 만왕의 왕, 우리 하나님을 영화롭게 하는 것이 사역이다.

4. 사역에 대하여

* 하나님의 성령의 이끌림을 받는 사역을 하라.

* 기도훈련을 게을리하지 말라.

* 믿음이 없는 자를 위로하고 격려하라.

* 인내하고 기다리라.

* 힘든 만큼 열매가 있으리라.

* 믿음으로 구하고 조금도 의심치 말라.

* 하나님의 명령에 순종하는 종이 되어라.

* 오늘도 불꽃같은 눈으로 너희들을 지켜보고 있다.

* 모세와 같은 지도자를 배출하라.

* 하나님의 영광을 위해 사역하라.

* 사람의 이목을 끄는 사역을 하지 말라.

* 수고하는 너희들의 기도를 듣고 있다.

* 영혼을 사랑하는 종이 되어라.

* 구원 사역을 계속하라.

* 목적 달성을 위해 하지 말고 목적을 위해 하라.

* 죽어 가는 영혼을 살리는 일을 하라.

* 마음에 선한 동기를 갖고 하라.

* 마음에 숨은 동기를 잘 살피라.

* 주와 동행하는 사역을 하라.

* 험한 길을 택한 너희들에게 복이 있다. 그러나 약속이, 능력이 있다.

* 허락하신 말씀들에 능력이 있다. 말씀의 뜻을 잘 살피라.

예언 노트

* 약속의 말씀을 붙들어라.

* 나는 너희들의 빛이고 능력이다.

* 사랑하는 종이 되고, 말씀의 종이 되고, 너희 사역에 내가 늘 함께하리라.

* 양들의 움직임을 잘 살피라.

* 나의 말을 준행하는 사역을 하라.

* 수고하는 너희들에게 생명의 면류관을 주겠다.

* 믿는 자의 본이 되라.

* 영혼을 사랑하는 사역을 하라.

* 나는 너희들을 돕고 있다.

* 성도를 사랑하는 사역을 계속하라.

* 기도와 말씀으로 무장하라.

* 계시된 말씀을 따라 사역하라.

* 능력과 계시로 사역하라.

* 영혼을 사랑하는 목회철학, 예수님을 사랑하는 목회철학, 거룩한 말씀을
  구현하는 목회철학, 신학이 아닌 신앙을 강조하는 목회철학을 가지라.

* 모양이나 겉치레가 중요하지 않다.

* 기초 체력을 튼튼히 하는 목회를 하라.

* 나는 너희들의 사역을 기뻐한다.

* 모양을 갖추지 말고 능력을 중시하는 사역을 하라.

* 범사에 좋은 것을 취하라.

* 말씀과 능력으로 사역을 하라.

* 영혼을 치유하는 사역을 하라.

* 목자 없는 양같이, 길 잃은 양들을 불쌍히 여기고 잘 돌보라.

* 능력이 없는 사역은 죽은 사역이다.

* 성령의 탁월한 능력을 받기 위해 기도하라.

* 사랑하는 양들을 위해 기도하라.

* 내가 너희에게 주는 계시들을 명심하라.

* 수고하는 너희들은 면류관을 기억하라.

* 사람의 능력으로 일하지 말고 성령의 능력으로 하라.

* 일하는 자의 입에 망을 씌우지 않는다.

* 가르치는 교사들을 많이 배출하라.

* 기도와 말씀으로 훈련하라.

* 기초공사를 열심히 하라, 모든 공사는 기초에서 비롯된다.

* 군사로 모집된 자는 자기 생활에 얽매이지 않는다.

* 훈련의 첫 단계가 기도와 말씀이다.

* 사역의 본체는 나다.

* 양의 숫자에 연연하지 말라.

* 너희 사역은 병든 영혼을 치유하는 사역이다.

* 신앙의 숙성, 믿음이 머리에서 가슴으로 내려오는 사역, 기도와 말씀,
  문제 해결, 영적 해갈의 사역을 하라.

* 선한 양 떼, 순종하는 양 떼, 기름진 양 떼, 거룩한 양 떼로 훈련하라.

* 말세에 유리하는 양들을 모으라.

예언 노트

* 성령을 바탕으로 하는 목회를 하라.

* 더러운 영, 악한 영, 쇠약하고 몸살 나게 하는 영을 몰아내는 사역을 하라.

* 군사로 모집하는 자를 기쁘게 하듯이, 너희가 나를 위한 목회를 하면 생명의 면류관을 주겠다.

* 나는 너희들의 사역을 축복하고 기뻐한다.

* 성령의 지시하심에 따라 사역하라.

* 내 종을 통하여 생수의 강을 주겠다.

* 좋아하는 양만 좋아하지 말라, 모양만 보지 말라, 영혼을 사랑하라.

* 머리로 하지 말고 기도와 말씀으로 사역을 하라.

* 주의 길을 곧게 하라.

* 기도와 말씀으로 무장하라, 성령으로 무장하라, 신앙의 기초를 확립하라, 영혼을 사랑하는 목회를 하라.

* 종의 사명을 다하라, 그러면 마지막 날에 너희를 세우리라.

* 작은 일에 충성하라, 기쁨으로 감당하라.

* 마음에 시험이 들지 않도록 조심하라.

* 기도의 본분을 잊지 말고 세상 사람들에게 믿음의 본을 보여라.

* 세속적인 마음을 멀리하라.

* 내 능력을 힘입어서 내가 너희에게 부탁한 사역을 이루어나가라.

* 기도와 말씀으로 성령의 이끌림을 받는 사역을 하라.

* 십자가의 보혈을 의지하라.

4. 사역에 대하여

* 죽은 영혼들을 위해 싸울 능력을 갖추라.

* 내가 너희들을 보냄은 이리 속에 양을 보냄과 같도다.

* 기도와 말씀으로 무장하라, 수고에는 열매가 있다.

* 순종하는 종들의 기도를 듣고 있다.

* 수고에는 열매가 있다는 것을 명심하라, 세상의 일도 그러하거늘 하물며 하늘의 일이랴?

* 사랑하는 영혼들을 위해 기도하라.

* 너희들이 쓸 것을 내가 예비할 것이다.

* 너희가 천국에 올 때에 신랑이 신부를 맞이한 것처럼 맞이하리라.

* 내가 너희들의 기도를 보고 있고 듣고 있다.

* 내가 네게 이르는 모든 말을 가르쳐 지키게 하라.

* 가난하고 추운 자를 위한 목회를 하라.

* 신앙의 짐을 지지 말고 순종하는 자세로, 계산된 믿음으로 하지 말고 순종하는 자세로 하라.

* 머리로 사역하지 말고 가슴으로, 머리로 알지 말고 가슴으로 알라.

* 너희들이 돌아오면 시들지 않는 생명의 면류관을 주겠다.

* 고난의 주를 바라보라, 소망의 주를 바라보라, 내 나라의 일을 너희에게 맡기겠다.

* 시험하는 자를 조심하라.

* 가난한 자를 위로하고 격려하라.

* 훈련에는 시간이 필요하다.

* 내 종 모세와 함께하였던 것처럼 너희와 함께하리라.

* 기록한 말씀 밖으로 나가지 말라.

* 내 양을 먹이라.

* 머리로 사역하지 말고 믿음으로 하라.

* 너희 사역은 주가 인도하시리라.

* 내가 주는 말들을 잘 기록하고 선포하라.

* 죽어가는 양들을 위해 기도하라.

* 이리나 양을 조심하라.

* 사모하는 마음을 가지고 주를 섬기라.

* 형편이 어려운 양들을 도우라.

* 좋아하는 양들만 챙기지 말고 교만한 양들을 싫어하지 말라.

* 주인의 뜻을 따르는 종이 되라.

* 주와 동행하는 삶을 가르치라.

* 수고하는 일에 열매를 맺으리라.

* 제자 양육에 힘쓰라.

* 내가 너희들의 사역을 도우리라.

* 지금의 양들을 잘 이끌어라.

* 주인의 음성을 듣는 양들을 만들어라.

* 지금의 양을 잘 보살펴라.

* 조급하게 생각하지 말라.

* 기도하고 때를 기다리라, 조급함을 버려라.

4. 사역에 대하여

* 지금의 교회를 잘 이끌어라.

* 교만하지 않도록 하라.

* 종은 주인의 마음을 읽어야 한다.

* 종은 주인의 말을 잘 살펴야 한다.

* 자기의 일을 하지 말고 내 나라의 일을 하라.

* 종은 군사로 모집한 자를 기쁘게 해야 한다.

* 말 안 듣는 양들이 성령의 인도함을 받도록 기도하라.

* 병든 양을 위해 칼을 대라.

* 하나님을 만나는 훈련과 자는 자를 깨우는 훈련을 해야 한다.

* 하나님의 종 된 것을 부끄러워하지 말고, 하나님이 함께하시는 것으로
  위로를 받으라.

* 종이 된 것을 기뻐하고 싫어하지 말라. 주께서 함께하시리라.

* 선한 일꾼이 되어라.

* 나는 너희들의 사역을 돕고 있다.

* 지혜를 구하라.

* 내가 너희들의 사역에 함께하겠다.

* 죽은 자를 살리는 사역을 하라.

* 작은 일에 충성하라. 성령으로 인도하겠다.

* 종의 임무를 다하라.

* 지금의 양들을 잘 보살피고 지도하라.

* 죽어가는 영혼을 위해 사역을 하라.

예언 노트

* 종이 기도하지 않으면 교만에 빠진다.

* 하루에 한마디씩이라도 기도하라고 하라.

* 교회를 세우고 일으키는 일에 전념하라.

* 약이 필요한 자들에게 계속 공급하라. 교회에 약이 부족하지 않도록 비축하라. 약은 기도와 말씀이다.

* 교회 안에 기도하는 자들을 지도하라.

* 종의 가정이 기도 외에 무엇을 하겠느냐?

* 영생의 일을 하는 너희를 내가 기뻐한다.

* 네 기도의 소제를 듣고 내가 기뻐하노라.

* 보혜사 성령이 너희를 도우시리니 지체 말고 나아가라.

* 성령의 지시하심을 따라 사역하라.

* 내 말이, 순종이 제사보다 낫다는 것을 알고 일하라.

* 일하는 자는 먹을 권(權)이 있다.

* 종은 자신을 비우고 그리스도를 세우는 것이다.

* 네 지혜로 하지 말고 아버지의 지혜로 하라.

* 주리고 목마른 영혼들은 기도를 하지 않는 영혼이고, 죽네 사네 하는 영혼은 문제 있는 영혼이다.

* 매일 기도와의 싸움으로 자신을 단련하라.

* 새 일을 행하리니, 네 일에 더욱 매진하라.

* 영의 양식이 늘 부족한 자녀를 위해 기도하라.

* 영혼 구원 사역이 가장 우선이다.

* 양의 고충을 아는 종은 그리 많지 않다.

* 사랑하는 종들아, 내 일을 위해 수고한다.

* 나귀를 길들이는 게 어디 쉬우냐?

* 생명이 있는 일에 시간과 노력을 다하라.

* 양의 울음소리를 듣는 종이 되라.

* 네 일에 마음을 다하고 뜻을 다하라.

* 보혈의 의미를 잘 깨달아 지도하라.

* 영혼 구원이 시급하다.

* 오늘날 길에 버려진 양들이 너무 많다.

* 심부름꾼의 사역을 하라.

* 굳세지 못한 영혼들을 위로하라.

* 기도는 자기 양들에게 지혜의 샘을 공급하는 것이다.

* 주인의 명령에 늘 순종하는 종이 되어라.

* 지도를 받는 영혼들이 이치를 모르고 있다.

* 하나님의 명령에 순종하는 종이 되어라

* 지혜로운 종이 되기를 기도하라.

* 양이 오기를 꺼려하면 기도하고 기다려라.

* 전쟁의 날을 항상 준비하라.

* 하나님을 더욱 기쁘시게 하는 자들로 키우라.

* 종이 주인의 말을 듣는 것이 당연하지 않느냐?

* 세움을 받는 일에 마음을 다하라.

* 오늘 없어지는 들풀도 먹이시나니, 내가 너희 아버지임을 알고 일하라. 개인의 뜻보다는 주를 높이고 섬기는 일에 뜻을 다하라.

* 종이 기도하지 않고 지혜가 없으면 자기의 의를 드러낸다.

* 내 양들이 어디에 가든 기도하는 사람으로 일으키라.

* 종의 본분을 따르고 지키며 지혜를 구하라.

* 네가 어디로 가든지 내가 너와 함께하겠다.

* 기도를 적극적으로 권하고 일회적인 기도를 저지하라.

* 낮은 자를 우대하라.

* 종이 주인의 말을 듣지 않으면 입에 단내가 난다.

* 네 가슴에 주를 넣어 두라.

* 사랑하는 종들아 믿음으로 나아가길 기도하라.

* 주리고 목마른 영혼들을 구원의 강으로 데려오라.

* 영혼의 사역이 시급하다.

* 주의 일에 자기의 이름을 세우지 말고 하나님의 이름을 세우라.

* 영생을 지도하는 지도자는 기적이 일어날 것을 믿고 기도해야 한다.

* 사랑하는 종들아, 어디를 가든 내 이름을 가지고 다녀라.

* 어려운 형편이 있는 자들을 이해하고 도우라.

* 지혜를 사고팔지 말라.

* 기도가 문제 있는 가정에 기회라고 알려라.

* 지혜로운 종들은 기도를 가르친다.

* 주의 명령에 늘 순종하는 종이 되어라.

4. 사역에 대하여

* 내 일이 먼저라는 걸 항상 생각하라.

* 목이 뻣뻣한 지도자는 기도를 하지 않는다.

* 내 도움이 없이는 아무것도 할 수 없다는 것을 늘 명심하라.

* 지도하는 양들은 일에나 말에나 주 예수의 이름으로 하라.

* 내 나라의 일꾼들은 나를 통해서 기쁨을 얻는다.

* 나락이 익기까지 얼마나 많은 시간이 걸리느냐?

* 양적인 성장을 지향하지 말고, 기도의 본보기가 되며, 문제 있는 양들이
  위로를 얻는 공동체를 이루어라.

* 양들이 기도 생활을 자기 뜻에 맞추고 있다.

* 주리고 목마른 영혼들이 자기 안에 만유보다 크신 아버지를 두는 것이
  무엇인가 모르고 산다.

* 세심한 지도와 배려가 필요한 이들도 있다.

* 내 일에 항상 우선을 두는 삶을 지도하라.

* 희생이라는 말을 잘 이해하라.

* 어려운 이웃이 기도를 못하고 있는 것을 이해하고 도우라.

* 홀로서기 할 때까지 도우라.

* 종이 주인의 일에 참여하는 것은 실로 놀라운 일이다.

* 중이 제 머리를 못 깎는 것은 지혜가 없다는 말이다.

* 기적의 문을 통과하도록 애써라.

* 계시된 모든 말을 준수하고 이룩하라.

* 지도자들이 내면을 보지 않고 겉만 보고 있다.

* 종이 기도하지 않으면 기적을 꿈꿀 수 없다.

* 내 일에 성령으로 무장하고 기도하라.

* 종이 기도하지 않는 것은 직무유기이다.

* 입에도 담지 못할 욕을 하는 종도 있다.

* 어깨에 힘주고 다니는 종들도 많다.

* 일에 지친 종들은 더 많다.

* 종이 기도하는 것은 지혜로운 아버지의 뜻을 구축하는 것이다.

* 기회를 알고 일을 행하라.

* 기초 체력(기도와 말씀, 필자 주)이 되지 않는 자들은 지렛대(기도훈련, 필자
  주)가 필요하다.

* 자기 때를 잘 아는 종들이 지혜롭다.

* 내 도구가 기도를 하지 않고 일하는 것은 괴로운 일이다.

* 자기의 뜻을 세우려 하지 말고 기도와 말씀으로 아버지의 뜻을 세워라.

* 누리고 싶은 욕망을 버리고 자기 일에 최선을 다하라.

* 이 세상 어떤 것보다 너희의 주를 사랑하라.

* 내 도움이 없이는 아무것도 할 수 없음을 알아야 한다.

* 지도하는 영은 가르치는 영이다.

* 종이 주인의 일을 하는 것은 당연한 일이다.

* 종의 생명은 기도이다.

* 종이 죽기를 거부하면 길이 막힌다.

* 자기 의를 드러내지 않도록 기도와 말씀으로 훈련하라.

4. 사역에 대하여

* 선생이 지도하는 능력이 없으면 길이 막힌다.

* 종이 제 길을 아는 것도 기도이다.

* 지도자의 길은 기도와 말씀이다.

* 내 집을 기도의 일꾼으로 채우라.

* 보혈의 참 빛을 이해하고 가르쳐라.

* 종이 된 것을 사랑하라.

* 지도자의 명분을 잃지 말고 기도에 전념하라.

* 지도자의 자질은 기도와 말씀에 있다.

* 종이 기도하는 것을 잊고 살면 지각이 없어진다.

* 지도자의 길은 멀고도 험한 길임을 알고 일하라.

* 성령의 이끌림을 받는 사역을 하라.

* 성도 한 사람 한 사람을 기도와 말씀으로 일으켜 세우라.

* 종이 주인의 일에 참여하는 것은 당연하다.

* 종이 주인의 일을 하는 것이 지극히 당연하다.

* 선생이 기도를 안 하면 지혜롭지 않다.

* 종이 기도를 안 하고 살면 마귀의 밥이 된다.

* 지도자의 명분을 늘 지켜라.

* 지도하는 양들이 지혜로운 삶을 살도록 이끌어라.

* 내 집을 기도하는 일꾼으로 채워야 함을 잊지 말아라.

* 용서하고 불쌍히 여기는 철학을 가지고 일을 하라.

* 오직 잠자는 영혼들을 깨우라.

* 곰이 지도를 하면 곰처럼 산다.

* 지도자의 자질이 이렇게 중요하다.

* 작든 크든 주인이 시키는 대로 하는 것이 임무이다.

* 매일 기도와 말씀으로 주리고 목마른 자들의 모본이 되라.

* 시험 많은 세상에서 기도와 말씀으로 거룩한 삶을 살며, 지극히 크신 아버지를 기쁘게 하고, 자기를 낮추고 지혜로운 종으로 사심이 없는 사역으로 인도자(성령, 필자 주)를 따라 거룩한 양심으로 주께 합당한 삶을 살기를 노력하라.

* 주의 종은 기도의 강을 건너야 기본적인 지도자의 길을 가게 된다.

* 한심한 종들은 기도의 강을 알지도 못한다.

* 지도하는 자들은 지도자의 자질을 갖추어야 한다.

* 종들이 기도하는 것을 잊어버리면 지혜가 없어진다.

* 좋은 목자는 기도의 강을 건너게 하는 목자이다.

* 지도자의 덕목은 귀신들을 이기는 것이다.

* 지혜로운 종은 기도를 항상 사모하며 산다.

* 지혜로운 종은 기도하는 것을 잊지 않고 산다.

* 종이 주인의 말을 듣지 않으면 주인을 무시하는 것이다.

* 지혜로운 종은 기도가 막히지 않게 하여야 한다.

* 종은 주인이 하는 모든 것을 따라 하는 것이다. 이것이 종의 본분이다.

* 종이 기도에 인내하지 않으면 기복이 있다.

* 종이 주인의 말을 듣지 아니하면 귀신들이 몰려온다.

4. 사역에 대하여

* 기도를 가르치는 것은 지극히 아름다운 것이다.

* 기도의 분량을 채우기를 지도하라.

* 종은 주인이 하는 것을 따라 하면 되는 것이다.

* 종들이 기도를 안 하고 귀신들의 말만 듣고 있다.

* 싹이 나지 않은 영혼들을 기다릴 줄 아는 것이 덕목이다.

* 나귀를 길들이는 것은 채찍뿐이다.

* 종들은 지도하는 성령을 따라 무슨 일이든지 기도와 말씀으로 양육을 받아 지도하는 양들을 챙기고 훈련하며 기도의 지도자로 무장해야 함을 알라.

* 억지로 하는 자는 지혜로운 자가 아니다.

* 자기를 드러내는 종은 지극히 큰 하나님의 상급이 없느니라.

* 종들이 기도를 안 하고 있으니 지극히 큰 하나님의 일을 모른다.

* 귀신을 쫓는 사역은 지극히 큰 하나님의 일을 돕는 동역이다.

* 제 복도 못 찾는 종도 많다.

* 목회자들이 아전인수식으로 교육한다.

* 모든 말씀의 중심을 예수 그리스도에 두라.

* 이 땅에 있는 많은 종들이 예수 그리스도를 사랑하지 않고 자기 자랑만 한다. 울며 겨자 먹기로 일하는 종들, 삯꾼 목자: 교회의 기름덩이(양심 이 없는 자들, 필자 주), 기와집 짓고 벼슬만 추구하는 자들.

* 이 땅에 사는 동안 자기 자랑을 하거나 율법적이 되지 않도록 자신을 향한 점검이 날마다 있도록 하고 종의 본분을 잊지 말도록 하라.

* 후회 없는 사역은 나와 동행하는 사역이다.

* 작은 일에 순종을 잘하는 종이 내 종이다.

* 주인도 기도의 습관을 들였거든 하물며 종이랴?

* 종이 나팔을 불어 잠자는 자를 깨우라.

* 주의 종이 멍에를 지는 것은 당연한 일이다.

* 주의 뜻을 항상 살피는 종이 내 종이다.

* 종교적인 지도자들은 지혜로운 지식이 없으므로 사귐이 없는 지도자들
  이다.

* 내적 교만이 들지 않도록 청지기적 사명을 다하라.

* 죽도록 충성하고 자기 자리를 지키고 있다가 내 나라에 오너라. 종은 항
  상 기도하고 깨어 있는 것이 임무이다.

* 내 도구는 자기를 높이지 않아야 내게 합당하다.

* 시험에 능한 자들로 키우고 자기 몫을 다하는 자들로 키우라.

* 열심히 배우려 하는 자들을 잘 가르쳐라. 지혜 없는 자는 영문 밖에 버
  려짐을 당한다.

* 서고 앉은 양들을 건강한 양들로 키우라.

* 사랑이 없는 백성들을 사랑이 있는 백성으로 키우라.

* 번 아웃(burn-out, 탈진)이 되지 않도록 기도와 말씀에 매진하라.

* 노동의 대가를 바라는 것은 당연한 것이고 천국은 누리는 자의 것이다.

* 종의 머리를 드는 이는 오직 여호와시다.

* 주인을 닮지 않은 종은 불에 태워진다.

4. 사역에 대하여

* 하나님을 아는 데 그치지 말고, 주와 동행하는 사귐이 있는 자들로 양육하라.

* 만나는 자들에게 기도와 말씀으로 깨어 있으라고 권면하라.

* 양적 성장에 치중하지 말고 질적 양육에 무게를 두라.

* 기름을 나눠 줄 자는 주유소의 기름관을 깨끗이 해야 한다.

* 아버지의 나라에 다다를 때까지 이름도 없이 빛도 없이 일하라.

* 위로와 격려의 사역이 가장 좋으니라.

* 아버지의 나라에 올 때 상도 있다는 것도 알려라.

* 말세에 기롱하는 자들이 와서 헛된 말을 할지라도 나와 더불어 주의 일에 힘쓰는 자가 되라.

* 하나님의 영광을 드러내는 자들로 양육하라.

* 가난한 자를 복음에 동참시키는 것이 하나님의 뜻임을 알라.

* 얻고자 하는 자들로 키우지 말고 나를 경배하는 자들로 키우라.

* 어깨 너머로 배운 지식(신학교 교육, 필자 주)은 오직 자기만족일 뿐이다.

* 어깨 너머로 배운 지식(신학교 교육, 필자 주)은 예수 그리스도의 보혈을 헛되게 하는 것이다.

* 아픈 양들을 돌보는 종들이 많지 않다.

* 약속의 땅에 오는 자들이 자기 십자가를 지고 나를 따라오도록 가르치라.

* 종의 자세는 무조건 순종하는 것이다.

* 일꾼들이 기도하지 않으면 마귀의 도구가 되기 쉽다.

* 네 이웃을 네 몸과 같이 사랑하라는 이 말씀도 실천하도록 하라.
* 고통당하는 이웃이 네 옆에 있음을 기억하고, 세상적이고 세속적인 물이 들어오지 않도록 말씀과 기도에 더욱 힘쓸 것을 다짐하라.
* 목적에 맞는 지혜를 구하라.
* 종은 주인의 문에 항상 기대어 있어야 한다.
* 복종도 섬김의 원리이다.
* 종이 물질에 마음이 사로잡히면 악한 영이 틈탄다.
* 선한 양심은 지도자가 갖추어야 할 덕목이다.
* 어긋남이 없는 자들로 가르치라.
* 변화 받아야 하는 자들로 가르쳐라.
* 성령의 지시를 따르지 않는 사역은 죽은 사역이다.
* 내 보혈이 너희 안에 있는 훈련이 기도훈련이다.
* 하나님과 눈이 마주치는 자들로 양육하라.
* 송아지를 잘 키워야 큰 소를 만들 수 있다.
* 성경에 위배되는 것을 가르치지 않도록 조심하라.
* 곰 세 마리보다 토끼 한 마리를 키우라.
* 시험관에 넣고 키울 이들도 있다.
* 열매 맺는 사역을 하는 자들은 많지 않고, 이 땅에서 잘되는 자들도 많지 않다.
* 종은 먹고 마시는 것보다 하나님을 두려워해야 한다.
* 성도의 마음이 아버지께 있도록 가르치라.

4. 사역에 대하여

* 이 땅에서 주인을 섬기는 것이 마땅하도록 가르치라.

* 성경에서 말하는 기도훈련을 하라.

* 나를 뜨겁게 만나는 자들이 하는 사역.

* 기쁜 소식을 전하는 자들이 하는 사역.

* 나를 찾는 방식을 가르치지 않으면 악한 종이다.

* 아버지의 뜻대로 하는 사역이 열매 맺는 사역이다.

* 기도의 샘을 파서 나누어 주는 자들로 세우라.

* 지혜로운 자들이 하는 사역을 내가 도울 것이다.

* 양들이 어떤 기도를 하는지, 살피는 것도 목자의 할 일이다.

* 어느 양이 눕기를 잘하는지도 살피라.

* 염소의 특징은 들이받는 것이다.

* 앞을 못 보는 일꾼은 귀신의 일꾼이다.

* 죄와 다투어 이기는 자들로 세우라.

* 계속 찾고 찾는 자들이 나를 만날 것이라고 가르치고, 힘이 없는 자들을
  도와라.

* 성령의 나팔이 없는 지도는 죽은 사역이다.

* 양들의 본이 되는 사역을 하라.

* 소금을 골고루 함과 같이 편애하지 말라.

* 종교적 지도자를 만들지 말고 자기 자신을 하나님께 드리는 자를 만들라.

* 양의 옷에 분칠(치장, 외식 필자 주)하는 자들과 일하지 말라.

* 지속적인 기도의 조건은 귀신 쫓는 기도를 시키고, 사망의 권세에 복종

예언 노트

토록 가르치는 자들은 아무도 나를 보지 못한다.

＊살아계신 아버지를 섬기고 사랑하도록 하라.

＊나를 조금도 두려워하지 않는 양들은 기도하지 않는 양들이다.

＊철저한 신앙관이 몸에 배도록 가르치고 따르도록 가르치라.

＊나귀들을 훈련시키는 것은 매우 어렵지만, 사람의 힘으로 하지 말고 자신을 주께 매는 것을 훈련시켜라.

＊나를 가르치는 자들은 사랑이 있어야 한다.

＊아픈 양을 잘 돌보고 기도로 양육하는 것이 좋으니라.

＊종들도 나를 따르기를 싫어하니 양들은 오죽하겠느냐?

＊종교적인 자들로 키우지 말고 아비의 뜻을 나타내는 자들로 키우라.

＊돈을 밝히는 종은 내 나라에 들어오지 못하고 지옥에 떨어진다.

＊양들이 움직이지 않을 때는 회초리로 때려서라도 움직이게 하라.

＊만나를 뿌려 생명의 양식이 있게 하라.

＊마음의 밭에 따라서 양육을 하라.

＊지도자는 자기의 일을 구하지 말아야 한다.

＊입에 맞는 떡(순종하는 양, 필자 주)이 많지 않다.

＊죽어 있는 양들을 살리는 것이 너희의 임무이다.

＊자랄 때 싹을 자르지 말라.

＊자신에게 맡긴 양을 모르는 자들은 양을 함부로 한다.

＊자신에게 주어진 일을 충실히 하는 것이 사명자이다.

＊소도 송아지 때 잘 길러야 한다.

* 사명자들은 얻는 기도가 아니라 자신이 해야 할 일을 충실히 해야 한다.

* 앞에 열매를 많이 두어서 따 먹게 하는 자들을 키우라.

* 영혼을 살리는 것이 가장 좋은 사역이다.

* 가르치는 일을 계속하고, 인본적인 자들을 성령의 사람으로 변화시켜라.

* 죽은 자를 살리는 일이 아버지를 돕는 일이다.

* 주인의 부름에 늘 예하는 종이 되어라.

* 종이 하나님을 따르지 아니할 때 늑대에게 잡히고 기름을 빼앗겨서 모든 것을 잃고, 자는 자들을 일으켜 세우지 않고 지혜롭지 못한 일꾼으로 살다가 지옥에 던져지게 된다.

* 두려운 하나님을 가르치지 않으면 망한다.

* 영광의 날에 함께하는 자를 만들고 초대하라.

* 지혜로운 자들이 있는 곳을 내가 항상 지키노니, 자비로운 주님을 따르는 양들을 양육시키는 것은 이웃을 사랑하는 것이다.

* 약속한 것을 기다리는 자들이 받고, 지혜로운 자들이 이것을 가지고 있고, 지혜로운 자들을 낳는다.

* 가난한 자들에게 위로를 얻게 하고, 어려운 자들을 돕는 데 힘쓰라.

* 주인의 아픔에 참여하는 것이 좋다.

* 중매하는 자는 자신을 나타내서는 안 된다.

* 뼛속 깊이 들어가는 믿음을 심는 자들이 아름답다.

# 5.
# 성령에 대하여

\* 샘물이 마르지 않도록 하라.

\* 샘이 깊지 않으니 어찌 달겠느냐?

\* 생수가 넘치리라.

\* 성령이 내 안에 있음을 항상 잊지 말라.

\* 너희를 지도하는 영은 성령이다.

\* 성령과 사귐이 있는지를 늘 확인하라.

\* 너희를 지도하는 영은 참된 영이다.

\* 성령의 인도하심을 따라 살아라.

\* 심령이 가난한지를 늘 확인하라.

\* 논(마음, 필자 주)에 물(성령, 필자 주)을 대라.

\* 논에 물을 대야 하지 않겠느냐?

\* 바람이 임의로 불매 어디로 와서 어디로 가는지 모르듯이, 성령의 사람
  이 그러하다.

\* 성령이 계심을 늘 믿음으로 확증하라.

* 이스라엘 민족이 구리 뱀을 보듯이 구심점(성령, 필자 주)을 잃지 말라.

* 구리 뱀이 주는 의미를 잘 생각하라.

* 성령이 너희에게 임하시면 사마리아와 온 유대와 땅끝까지 이르러 내 증인이 되리라.

* 기름(성령, 필자 주)도 채워야만 떨어지지 않는다.

* 기름도 없이 어떻게 신랑을 맞이하러 가느냐?

* 사람들이 다 성령의 능력을 그림의 떡으로 알고 있다.

* 성령님 그분은, 너희를 위하여 나를 위하여 있는 분이다.

* 성령의 뜻을 잘 살피고 근심시키지 말라.

* 성령으로 기도하고, 성령으로 전도하고, 성령으로 봉사하라.

* 성령님은 우리를 위해 항상 간구하는 영이다.

* 때를 따라 돕는 영을 위해 항상 기도하라.

* 성령이 머리에서 가슴으로 내려오면 모든 것이 형통할 것이다.

* 성령의 지도를 받으라, 성령 안에서 항상 생활하라.

* 성령으로 무장하고 성령의 소리에 귀를 기울이라.

* 물과 성령으로 거듭나야 하나님의 사람이다.

* 물과 성령으로 거듭나는 사람이라야 나를 볼 수 있다.

* 인간의 수단, 방법으로는 나를 만날 수 없고, 오직 성령으로 거듭나야만 나를 만날 수 있다.

* 성령을 따라 행하라. 그러면 육체의 욕심을 이루지 아니하리라.

* 성령을 방해하는 죄가 큰 죄이다.

\* 성령 안에서 구하고 깨어서 기도하라.

\* 성령을 사모하라, 기다리라.

\* 구하는 자에게 성령을 주시지 않겠느냐?

\* 다른 것을 구하지 말고, 성령을 사모하며 기다리라.

\* 성령의 도우심을 구하라.

\* 성령의 도움을 요청하라.

\* 성령의 기름부음을 요청하라.

\* 성령이 내주하는 기도훈련은 힘든 과정이지만 통과하는 자에게 복이 있
  다.

\* 성령으로 태어나기를 기도하라.

\* 성령의 능력을 덧입으라.

\* 오직 성령으로 태어나기를 힘쓰라, 기다리는 자에게 복이 있다.

\* 성령의 능력을 덧입기를 구하라.

\* 성령의 날개를 달아라.

\* 성령의 능력을 사모하라.

\* 성령의 능력을 구하라.

\* 약속하신 성령을 요청하라.

\* 마음을 다하여 성령의 능력을 구하라.

\* 내가 주는 물은 마르지 않고 솟아나는 샘물이 되리라.

\* 내가 주는 물은 세상이 주는 것과 다르다.

\* 성령의 열매를 맺으라.

* 성령의 용사가 되라.

* 구름 위에 떠 있는 기분(성령 충만한 상태의 기쁨, 필자 주)을 아느냐?

* 성령의 기름부음을 늘 받도록 하라.

* 기름 뿔이 어디에 있는지 너는 아느냐?

* 성령의 나팔을 불라.

* 성령의 기름부음에 대해 더 자세히 깨달으라.

* 성령의 계시를 받는 자들은 기도를 게을리해서는 안 된다.

* 성령의 능력을 더욱 간구하라.

* 성령의 기름부음이 언제나 있기를 기도하라.

* 성령의 기름이 준비되었는지를 늘 확인하라.

* 성령의 인도하심이 없이는 나를 볼 수 없다.

* 연탄불도 꺼지면 다시 피우기 어렵듯이, 성령의 불도 꺼뜨리면 다시 피
  우기 힘들다.

* 성령으로 인도하심을 받는 자들에게 상이 있다.

* 성령의 효과가 시너지 효과이다. (사람의 힘으로 하지 말라, 필자 주)

* 성령으로 갓 태어난 자들은 악한 영들이 빼앗으려고 달려들기 때문에,
  더욱 아버지를 불러서 도륙당하지 않게 해야 한다.

* 성령의 검이 있으면 전쟁이 쉽다.

* 성령의 단비를 마시는 자는 영원히 목마르지 않는다.

* 성령의 능력이 항상 있기를 기도하라.

* 성령의 인도하심을 받는 영혼이 복이 있다.

* 성령이 함께하심을 늘 믿으라.

* 성령의 능력이 없는 기도는 기적을 일으킬 수 없다.

* 보혜사 성령이 늘 인도하신다.

* 성령의 위로를 받는 자들은 복이 있다.

* 성령의 도우심을 간절히 바라고 기도하라.

* 성령이 하시는 것은 이름도 없이 빛도 없이 일하는 것이다.

* 성령을 구하는 것은 지혜를 얻는 일이다.

* 성령의 인도를 받는 삶을 이루어 나가라.

* 성령의 명령을 따라 하는 것이 훨씬 쉽다.

* 지도하는 성령을 따라 움직이는 것이 지름길이다.

* 성령의 영향력을 미치는 사람이 되라.

* 성령의 능력이 어디서부터 오는지를 확인하라.

* 성령은 기도하는 이들을 이롭게 하는 영이다.

* 위로와 격려의 영이 기도의 영이다.

* 성령의 도움 없이 아무것도 할 수 없다는 것을 알고 일하라.

* 성령의 도구로 사는 것이 지혜로운 일이다.

* 성령의 놀라운 능력이 있기를 언제나 기도하라.

* 성령의 인도하심을 따라 하는 기도는 삶을 변화시킨다.

* 조급한 마음으로 기도하지 말고 지혜로우신 성령님께 모든 것을 맡겨라.

* 성령이 기도하는 사람을 항상 인도하는 것을 너는 아느냐?

* 성령의 감동은 자기의 뜻대로 되는 것이 아니고 아버지의 뜻대로 되는

것이다.

* 성령과 교제하는 자들은 시험을 이길 힘도 얻는다.

* 성령의 나침판을 가지고 사는 자들이 복이 있다.

* 성령의 단비를 싫어하는 자들은 지옥에 간다.

예언 노트

# 6.
# 악한 영에 대하여

* 좀비(귀신들이 조종하는 사람, 필자 주)들의 유혹을 조심하라.

* 좀비들의 먹잇감이 되지 않도록 하라.

* 사냥하는 영들을 조심하라.

* 저급한 영들을 두려워 말라.

* 앞으로 일어날 일을 말하겠다. 악한 영들이 우는 사자처럼 달려들어 주
  의 종들의 머리를 공격할 것이다. 자구책을 마련하라.

* 악한 영과의 전쟁을 주도하라.

* 마귀는 양들의 목자를 주로 사냥한다.

* 종국에는 너희가 지옥의 권세를 이기리라.

* "다오, 다오." 하는 영들을 조심하라.

* 교회를 어둡게 하고 교회지도자를 귀 멀게 하는 악한 영을 조심하라.

* 악한 영들의 움직임에 위축되지 말라.

* 교활한 뱀을 조심하라.

* 불안, 초조, 염려를 일으키는 마음을 원수 마귀가 잡고 있다.

* 뱀들이 무리를 지어서 산다.

* 선을 빼앗고자 하는 악한 영들, 마음을 악하게 하는 악한 영들.

* 豺狼(시랑)의 밥이 되지 않도록 하라.

* 교회가 기도를 못하고 있는 것 중의 하나가 좀비들의 행위이다.

* 뱀들의 소행을 자세히 보라.

* 선제 공격(귀신들이 공격하기 전에 축출기도를 하는 것, 필자 주)을 하라.

* 좀비들의 역할을 조심하라.

* 기도와 말씀으로 지옥의 권세를 이기도록 하라.

* 좀비들의 영향을 조심하라.

* 생명을 사냥하는 영들을 조심하라.

* 감정의 기복이 심한 자들은 악한 영이 있다.

* 먹이 사슬(사탄→ 귀신→ 사람, 필자 주)에 대해 이해하라.

* 좀비들의 먹잇감이 되지 말라.

* 좀비들의 영향을 執刀(집도)하라.

* 미혹의 영을 조심하라.

* 미혹의 영들이 지금 날개 돋친 듯이 돋아 있다.

* 우리네 교회가 이런 일(귀신을 쫓아내는 일, 필자 주)을 기피하고 있다.

* 뱀들의 역사를 기도로 막아 내라.

* 지옥의 권세를 이길 준비를 하라.

* 종들이 기도하면 지옥의 권세가 사라진다.

* 좀비들의 영향을 받지 않도록 조심하라.

예언 노트

* 미혹의 영을 조심하고 기도로 이겨라.

* 도적들이 지도를 받는 양들을 훔치고 있다.

* 믿음의 종들이 지옥의 권세를 이겼던 것들을 기억하라.

* 귀신들도 믿음이 없는 자들을 노린다.

* 마귀는 집요한 미물이다.

* 미움이 있는지를 살펴보고 그들을 쫓아내라.

* 목표를 가지고 기도하되 미혹의 영을 조심하라.

* 성전이 기도하는 것을 잊으면 미혹의 영들이 들어온다.

* 기도를 쉬지 않고 하는 것이 지옥의 권세를 이기는 길이다.

* 술이나 먹고 기도를 안 하니, 귀신들이 나가냐?

* 도처에서 기도하지 않는 양들을 귀신들이 보고자 한다.

* 빈집에 악한 영들이 들어온다. 거라사 지방의 귀신들린 사람이 그렇다.

* 기도는 지옥의 권세를 이기는 것이다.

* 사두개인들이 왜 부활이 없다고 하느냐? 그들이 미혹의 영들을 불러들였다.

* 좀비의 영향을 받지 않도록 기도하라.

* 지옥의 영(사탄, 필자 주)이 미혹의 영(귀신, 필자 주)을 잡고 있다.

* 미혹의 영을 조심하라.

* 사나운 짐승들이 기도하지 않는 자를 사로잡는다.

* 성도를 기도하지 못하게 하는 것들이 악한 영이다.

* 고통, 시기, 분쟁, 불안, 산란함은 악한 영이 넣어 주는 것이다.

6. 악한 영에 대하여

* 미혹의 영이 언제 들어올지 모르니 조심하라.

* 네 성전을 깨끗하게 해야 귀신들이 들락날락하는 것을 막는다.

* 도처에 미혹의 영이 있다.

* 미혹의 영들이 주위를 맴돌고 있다.

* 무리지어 다니는 長身(장신, 거인으로 힘이 세다는 뜻, 필자 주)의 영.

* 귀신들이 기도를 방해하는 것 중의 하나가 정신을 혼란스럽게 한다. 그러므로 정신을 딴 데 두어서는 안 된다.

* 귀신들이 기도를 방해하는 것을 직업으로 하고 있다.

* 자기 연민, 미움, 저주, 문제를 일으키고 이집 저집 다니며 험담하고, 어지럽히고, 교만하며, 집요하고, 미혹하며, 절도 · 강도, 돈에 집착, 낙이 없다고 하는 것들, 시기 · 질투와 일에 집착하고 만족하지 못하는 것, 번잡한 것들 모두 귀신의 작업이다.

* 귀신들의 역사를 못하게 하는 것은 기도이다.

* 우는 사자들을 기도로 내쫓으라.

* 미혹의 영이 지구를 덮고 있다.

* 귀신들이 기도를 못하게 하는 것에 필사적이다.

* 육신이 건강하지 못한 자들에게 빙의가 생긴다.

* 미혹의 영들이 육신의 일을 도모하게 한다.

* 속이는 영들이 기초공사(기도와 말씀, 필자 주)를 못하게 한다.

* 미혹의 영이 교회에 운집해 있다.

* 귀신들이 기쁨이 사라지는 것을 노리고 있다.

예언 노트

* 귀신의 영을 받지 않도록 주의하라.

* 귀신들이 영생을 지도하는 자들을 미혹하고 있다.

* 기도훈련이 어렵고 힘들더라도, 기도하는 것으로 귀신을 쫓아내는 것이 어디 보통 능력이냐?

* 귀신들이 기도의 힘을 가장 무서워한다.

* 교만한 영이 기도를 방해하지 않도록 하라.

* 미움이 들어오는 것은 기도를 못하게 하는 악한 영이다.

* 소돔과 고모라가 멸망한 이유는 기도를 하지 않고 귀신들만 불러들였기 때문이다.

* 염려와 걱정, 두려움은 기도를 방해하는 악한 영의 작업이다.

* 악한 영들이 기도를 못하게 하는 것은 물론이고, 복을 받지 못하게 하는 것에도 능수능란하다.

* 주리고 목마른 영혼들이 지옥에서 이를 갈고 있다.

* 귀신의 영을 받은 자들이 귀신의 일을 하고 있다.

* 악한 영들이 사람의 마음을 도적질하고 있다.

* 기쁨도 시험하는 자가 다 빼앗아 간다.

* 귀신들이 내 이름을 얼마나 무서워하는지 도망도 혼자 못 가고 함께 간다.

* 이름이 어떤 이름이냐에 따라서 귀신들이 두려워한다.

* 귀신들이 내 이름 안에 기도하는 영혼의 이름이 새겨져 있는 것을 안다.

* 귀신하고 사는 이들이 많다.

6. 악한 영에 대하여

* 시험을 주는 이들이 기회를 노리고 있으니, 하나님의 말씀과 기도로 귀
  신을 내어 쫓으라.
* 교만은 귀신들의 기름이다.
* 시험을 물리치는 기도를 하라.
* 귀신들도 성령이 임하는 기도를 두려워한다.
* 귀신들도 이름을 간파한다.
* 귀신들은 이름 안에 예수님의 이름이 있느냐 없느냐를 본다.
* 악한 영들도 다 내게 속하였고, 성령 안에 있으면 두려워할 게 없다.
* 악한 영에 사로잡힌 영혼을 위해서는 기도밖에 방법이 없다.
* 마귀의 궤계에 빠지지 않도록 조심하라. 그 대적자들은 믿는 자들을 항
  상 노리고 있다.
* 재물 뒤에는 맘몬의 신이 있다.
* 악한 영의 계략을 눈으로 확인하라.
* 성령의 활동을 방해하는 모든 일에 조심하라.
* 사탄의 활동을 조심하라.
* 말씀과 기도를 힘입지 않고는 마귀들을 넘어뜨릴 수 없다.
* 미혹하는 영을 조심하라. 말씀과 기도로 분별하라.
* 악한 영을 조심하라, 너희 뒤에 숨어 있다.
* 교만의 영을 주의하며 살피라.
* 귀신의 능력을 무시하지 말라.
* 원수 마귀를 이길 힘은 기도밖에 없다.

* 영들이 하늘에 속하였는지를 살펴보라.

* 영혼을 사냥하는 것들을 조심하고 대적기도로 쫓아내라.

* 하나님의 사역을 방해하는 자들, 하나님의 말씀을 방해하는 자들, 성령님의 역사를 방해하는 것들을 조심하라.

* 영들을 다 믿지 말고 하나님께 속하였는가를 살펴보라.

* 계속 성령의 능력을 구하라.

* 마음의 시험을 조심하라.

* 영혼을 사냥하는 무리를 조심하라.

* 말씀을 깊이 묵상하고, 항상 조심하고, 주위의 너를 시험하는 영을 조심하라.

* 교활한 영을 조심하라.

* 영혼을 파리하게 하는 악한 영을 조심하라.

* 귀신들의 움직임에 마음 흔들리지 말라. 그들도 피조물이다. 보혈의 능력으로 쫓아내라. 두려워 말라. 말세에는 이러한 일이 많이 일어난다. 세상의 종들은 이러한 일을 기피한다.

* 귀신들의 움직임을 소홀하게 생각하지 말라, 그들은 소리도 내고 가로수도 쓰러뜨리고 무소부재의 능력도 있다. 그들의 능력을 무시하지 말라.

* 귀신들도 늘 네 옆에 있다, 그들의 움직임을 늘 관찰하라.

* 악한 영을 대적할 능력을 구하라.

* 귀신 축출사역은 믿음이 바탕이 되어야 한다.

* 모든 영을 다 믿지 말고, 그 영이 하나님께 속하였나 보라.

6. 악한 영에 대하여

* 가만히 들어온 자를 조심하라.

* 보혈의 능력을 의지하고 기도하라.

* 악한 영들이 성난 파도처럼 흉용하나 내가 그들을 꾸짖어 잠잠하게 하겠다.

* 가만히 들어오는 영을 조심하라, 그들의 계획은 공격이다.

* 두 눈으로 주의 능력을 똑똑히 보아라.

* 교만한 영을 조심하라.

* 가만히 들어온 영들을 조심하라, 그들의 움직임을 파악하라.

* 미혹하는 영을 조심하라.

* 새(악한 영, 필자 주)가 와서 먹지 않도록 조심하라.

* 지옥의 권세를 이기는 길은 말씀과 기도이다.

* 지옥의 권세를 두드리는 믿음을 가지라.

* 기도를 못하게 하는 악한 영들이 지구에 꽉 찼다.

* 귀신의 일은 지혜가 없는 일이다.

* 미혹의 영이 마음을 닫고 있다.

* 지옥의 영이 일에 지친 영혼들을 사냥하고 있다.

* 승냥이들이 계속 공격을 가할 테니 조심하라.

* 악한 영들이 자는 자들을 일어나지 못하도록 하고 있다.

* 귀신들이 아우성치며 돌아다니고, 어떤 이들의 목을 조르고 있다.

* 기회가 되는 대로 귀신을 쫓아내라.

* 계속 기도와 말씀으로 미혹의 영을 물리쳐라.

예언 노트

* 귀신의 영이 이웃을 해치고 있다.

* 임종이 얼마 남지 않은 영혼들을 위해 기도하라. 귀신들이 자신들의 이름으로 이들을 미혹하고 있다.

* 귀신의 영이 어디에나 있으니 조심하라.

* 귀신의 영을 받은 사람들은 자기의 의를 드러내고, 귀신들도 자기의 이름을 높이려고 애쓴다.

* 양이 제 일을 못하면 이리들이 이리저리 양을 몰고 다닌다.

* 상대에게 적수가 될 만한 능력을 갖추라.

* 죄를 짓게 하는 것은 미혹의 영이다.

* 적에게 이용당하지 않도록 조심하라.

* 죄를 가두지 말고 내 이름으로 늘 쫓아내라.

* 귀신의 영이 어디에나 있다는 것을 명심하라.

* 귀신들은 자기의 이름이 어디에 있는지 늘 확인한다.

* 귀신의 앞잡이는 바알세불이다.

* 귀신들도 자기의 이름을 알리고 싶어 한다.

* 여리고 성을 깨뜨려라. (귀신들에게 잡힌 영혼에게서 귀신들을 쫓아내라, 필자 주)

* 뱀들이 기도를 못하게 막고 있다.

* 곰이 굴속에 없다. (귀신들이 밖에 나와 배회하고 있다, 필자 주)

* 섬뜩한 악한 영의 전략 전술을 잘 살피라.

* 귀신들의 역사를 지배하라.

6. 악한 영에 대하여

* 먹잇감을 사냥하는 영들이 어디에나 있음을 알라.

* 지피지기(악한 영의 전략 전술을 아는 것, 필자 주)를 알고 기도하라.

* 적(마귀, 필자 주)이 나타나 공격할 때는 기도로 내어 쫓으라.

* 마귀들은 기도하는 가정에는 일어나지 아니한다.

* 지옥의 권세를 이김은 예수께서 자기 이름을 그들의 품속에 감춰 두었기 때문이다.

* 기도하는 일이 어렵지만, 기도하지 않는 사람은 귀신들의 밥이다.

* 귀신들은 기도하기 싫어하는 자들을 비웃고 다니면서 기도하지 않는 양들의 머리를 공격한다.

* 마귀들은 지혜 없는 자들이 지혜 있는 자들의 코칭을 받는 것을 시기 질투한다.

* 좀비들이 기도하지 못하게 시키는지도 모르고 있다.

* 귀신들의 정체와 행각을 밝히 아는 것도 기도이다.

* 귀신들이 기도에 집중하지 못하게 하는 주범이다.

* 전도에 귀신들이 울고 간다.

* 지옥의 권세를 이기는 힘도 기도이다.

* 귀신을 떨게 하는 것도 기도이다.

* 귀신에게 압박당하는 자를 구하는 것도 기도이다.

* 귀신들은 기도하는 사람이 무엇을 하는지 지켜본다. (호시탐탐 넘어뜨릴 기회를 노리고 있다는 뜻, 필자 주)

* 귀신의 영이 어디에나 있고 그들의 말을 듣는 자도 적지 않다.

* 귀신들은 기도에 집중하는 자들에게 기도를 못하게 하는 기생충이다.

* 마귀들이 가장 싫어하는 것이 기도에 집중하는 자들이다.

* 지도하는 영혼들이 귀신의 조종을 받지 않도록 기도하라.

* 종들의 머리를 공격하는 영들은 기도를 못하게 하고 있다.

* 집요한 것도 귀신의 역사이다.

* 귀신의 능력을 받은 이들도 많다.

* 기도로 성을 쌓는 자들은 귀신의 일을 멸할 수 있다.

* 기도의 끈을 놓는 것은 귀신들이 기대하는 바이다.

* 자기의 뜻을 앞세우는 자들은 다 귀신들의 영이다.

* 마귀가 기도의 강(성령이 임하는 기도, 필자 주)을 건넌 자들에게는, 그들의 지혜로 다룰 수 없다.

* 마귀는 자기의 때를 잘 알고 있다.

* 마귀는 자기보다 약한 자들을 지혜로 다루고 있다.

* 그들은 하나님께서 허락한 삶을 누리지 못하도록 한다.

* 그들의 주된 일은 기도를 못하게 하고 지혜롭게 사는 삶을 망가뜨린다.

* 우리가 지혜롭게 되는 것이 그들이 가장 싫어하는 바이요, 오직 기도를 못하게 하는 것으로 기회를 잡는다.

* 미움, 시기, 질투, 이러한 것은 기도의 사람들이 기도의 끈을 놓기 때문이다.

* 적들의 공격을 받지 않도록 늘 조심하라.

* 악한 영들이 기도에 몰입하는 사람들을 두려워한다.

* 기도의 몰입은 기도의 주인을 만나기 때문이다.

* 기도의 몰입을 두려워하는 것도 성령이 귀신을 쫓아내기 때문이다.

* 기도를 하지 않으면 가정 전체가 마귀의 일터가 된다.

* 귀신들은 자비하신 아버지의 뜻을 더 잘 안다.

* 적은 가슴속의 흉패(성령, 필자 주)를 알고 공격한다.

* 각도에 따라서 치밀하게 공격한다. 각도는 믿음의 척도이다.

* 적은 나도 알고 하나님도 안다. 그래서 무장해야 한다.

* 악한 영들이 가장 공격하기 어려운 자들이 기도에 무장한 자들이다.

* 내 말에 시도 때도 없이 공격하는 자들이 있다.

* 종이 기도하지 않고 일을 하면 귀신의 앞잡이가 된다.

* 적이 공격한다는 것을 미리 알아야 막을 수 있다.

* "주여, 주여." 하는 자들은 귀신을 쫓아낼 수 없다. 그 안에 생명이 없기
  때문이다.

* 귀신의 영을 이기려면 기도와 말씀이 전부이다.

* 기도의 끈을 놓으면 악한 영이 지배한다.

* 속이는 영들은 자신이 귀신의 영으로 속이고 있다.

* 양들이 기도를 못하게 하는 것은 다 악한 영의 소행이다.

* 영혼이 병든 양들이 귀신만 쫓고 있다.

* 성도가 기도하지 않으면 귀신의 영향을 받는다.

* 악한 영들이 무리지어 나감을 보느냐?

* 타락하고 악한 영들은 자기의 때가 얼마 남지 아니함을 아느니라.

* 양들이 귀신의 정체를 이토록 모르고 산다.

* 교만한 영이 들어오지 못하도록 기도와 말씀에 힘쓰라.

* 長身(장신)의 영을 이길 영은 성령이시라.

* 마귀들은 지도하는 선생의 기량을 달아본다.

* 영혼의 양식이 없는 자들은 악한 영에게 공격을 받고 있다.

* 마지막이 얼마 남지 않음을 그들도 알고 지극히 크신 하나님의 일을 방해한다.

* 지금도 악한 영들은 그들의 일을 쉬지 않고 한다.

* 미혹하는 영을 조심하고 특히 좀비들을 주의하라.

* 악한 영들은 지도하는 이의 머리 꼭대기에 앉아 있다.

* 억울한 누명을 쓰고 사는 자들도 많다. (악령들이 죄책감을 주기 때문이다, 필자 주)

* 악령들은 노예제도를 만들어 거기에 가둔다.

* 이기는 싸움에 지혜롭게 대처하라.

* 악한 영들에게 고문당하는 이들도 많다.

* 종의 이름을 가진 악한 영들도 많다.

* 양식이 없는 자들은 악한 영들의 타깃이 된다.

* 귀신들도 모든 양식을 이용한다.

* 미혹의 영들도 기적과 이사를 동원한다.

* 귀신의 영은 자신의 영역을 높이기 위해 무리지어 다닌다.

* 위험한 것이 귀신의 잔치에 참여하는 것이다.

6. 악한 영에 대하여

* 학식이 있는 자들이 귀신의 접촉이 많다.

* 종말론자들은 지옥의 권세에 붙잡혀 있다.

* 기도를 방해하는 방언노래, 영서, 성령춤도 악한 영들의 수작이다.

* 입으로 "주여, 주여." 하는 자들은 지옥의 권세를 이기지 못한다.

* 어찌된 일인지, 기도하는 사람들이 대부분 귀신의 뜻을 따른다.

* 미혹의 영들은 기복이 있는 신앙으로 유혹한다.

* 기도하는 너희들은 귀신의 영이 언제나 가까이에 있는 것을 잊지 말라.

* 기도하는 종들은 귀신의 영을 항상 조심해야 한다.

* 미혹의 영은 기도하는 사람들의 머리 꼭대기에 있고, 지혜롭지 못하면 이들의 공격에 항상 당하게 되어 있다.

* 기독교인의 대부분이 미혹의 영에 사로잡혀 있음을 알아야 한다.

* 기도하는 자들은 이처럼 귀신의 영들에 대해 샅샅이 알아야 한다.

* 마귀들이 기도의 방해꾼인 것을 너희들은 잘 알고 있지만, 많은 사람들이 귀신의 영에 무지하다는 것도 알고 있어야 한다.

* 귀신들은 기도하는 자들이 자신들의 정체를 알아차리는 것을 가장 두려워하고 있다.

* 악기를 동원하는 기도회는 귀신들이 가장 좋아하는 기도 방식이다.

* 교인들이 기도하는 법을 모르고 있으니 귀신을 다룰 줄 아는 능력도 없다. 지옥의 권세에 잡혀 있다. 집요한 그들을 다스리는 것은 성령의 능력밖에 없다.

* 적이 공격하면 기도의 집중이 어렵다는 것도 알고 있어야 한다.

* 귀신의 권세를 이기는 능력의 사람들은 기쁨 중에 소망의 주를 늘 바라 본다.

* 악한 영들이 접근하지 못하는 자들은 기도의 능력이 있는 자들이다.

* 귀신들이 가장 좋아하는 사람은 기도하지 않는 사람이다.

* 미혹의 영은 기도의 사람을 두려워하고 무서워한다.

* 귀신들의 힘에 눌리지 않고 살도록 하라.

* 종말론자들은 귀신의 영이 그들 앞에 있다.

* 귀신들은 그들의 방식대로 기적과 이사를 일으킨다. 놀라운 능력이 그들에게도 있다.

* 기적과 이사를 하는 것으로 믿으면 헛것이다.

* 성령의 방식이 아닌 것은 악한 영들의 조작이다.

* 떼쓰는 방식은 악한 영의 방식이다.

* 입으로 "주여, 주여." 하는 자들은 귀신의 존재를 모르고 있다.

* 귀신들은 기도하는 사람이 자신들을 쫓는 것을 가장 두려워한다.

* 長身(장신)인 그들은 기도의 기쁨을 아는 자들에게 쉽게 접근하지 못한다.

* 미혹의 영은 기도하는 자가 귀신 쫓아내는 것을 시기 질투한다.

* 미혹의 영이 어디에나 있으니 항상 조심해라.

* 사탄 - 마귀 - 귀신

* 귀신들이 기도하는 사람들의 마음을 공격한다.

* 長神(장신)인 자들은 성경을 주로 눈으로 보게 하고 지식으로 보게 한다.

6. 악한 영에 대하여

* 욕하고 입으로 상처를 주는 자들은 귀신들이 입천장과 잇몸 사이에 많이 붙어 있다.
* 미움이 있는 곳에 악한 영이 도사린다.
* 기도하는 일꾼들은 지도자급 귀신들을 따로 쓴다.
* 미혹의 영은 (성령의) 모심이 있는 기도를 두려워한다.
* 점치는 귀신들이 기름 부은 종을 납치한다.
* 랍비들이 귀신의 역사를 다루지 못하면 닭이 주인을 무는 것과 같다.
* 좀비들도 귀신이 역사하는 곳에 많다.
* 미혹의 영이 기도를 방해하는 것을 염두에 두라.
* 미혹의 영은 이러한 기도 모임을 가장 두려워한다.
* 소금이 맛을 잃으면 아무것도 할 수 없나니.
* 귀신들도 하나님의 입으로 나오는 말씀을 무기로 쓴다.
* 사람들이 자기를 조종한다고 하면 질겁을 하지만 귀신들은 사람들 속에 들어가 살고 안방 드나들 듯이 들어가 이곳저곳을 다니며 자기들의 정체를 모르고 다니는 사람들을 지혜가 없다고 한다.
* 악한 영들은 그들이 기도하는 목적이 무엇인지 파악한다. 그리고 그것으로 공격한다.
* 지극히 크신 하나님께 영광을 돌리는 기도는 그들이 감히 끼어들지 못한다.
* 자기의 이름을 알리는 종들에게는 그들도 같이 역사한다.
* 지옥의 권세를 잡는 것은 하나님께만 있다.

예언 노트

* 주리고 목마른 영혼들은 악한 영들의 밥이다. 지옥의 권세에 덮여 있다.

* 지옥의 권세를 쫓지 않고 사는 것은 미련한 자들이 하는 짓이다.

* 귀신 안에 집을 짓고 사는 이들도 있다. 집을 짓고 사는 이들은 점치는 이들이다. 그래서 점쟁이들이 사람들의 마음을 아는 것도 이 때문이다.

* 長身(장신)인 그들도 기도의 일꾼들이 하는 것을 지켜본다. 지극히 크신 하나님이 그들을 지키고 있다는 것을 그들도 알고 있다. 함부로 공격하지 못하는 것도 이 때문이다.

* 기도하는 이들이 자신의 이름을 내세우는지를 귀신들이 보고 믿음의 척도를 잰다.

* 기둥들이 기도하지 않기 때문에 귀신들이 제집 다니듯이 다닌다.

* 미혹의 영은 어디에나 있으니 항상 기도하고 깨어 있으라.

* 마지막이 가까울수록 미혹의 영은 더욱 미혹시키고 특히 지도자를 많이 미혹시킨다.

* 평소에 기도를 많이 해 놓아야 한다. 전쟁 때는 귀신들이 많이 압박해 오기 때문이다.

* 귀신은 어디에나 많고 무수한 군대를 이끌고 다닌다. 군대 용어를 쓴 것이 이 때문이다.

* 귀신들이 자주 드나드는 곳이 지옥이다.

* 귀신들의 공격에 조금도 흔들리지 말라.

* 정신이 어디에 있는지 항상 살펴야 한다. 미움이 있는 곳에 항상 악한 영들이 있다는 것을 명심하라.

6. 악한 영에 대하여

* 가정에서는 귀신의 역사를 외면하면 안 된다.

* 적들의 공격에 너무 당황하지 말라.

* 귀신을 쫓는 자들은 기도의 힘을 알고 있다.

* 지도자들이 기도를 하지 않으니 귀신들이 들어가는지 나가는지도 모르고 있다.

* 차지도 뜨겁지도 않은 믿음은 귀신들이 조종하는 기복 신앙이다.

* 즐겁지 않은 기도, 주인을 잃고 다니는 종, 입이 가벼운 자들, 지식이 없는 자들도 악한 영이 조종하는 사람들이다.

* 귀신들이 호심경이 있는지를 본다. 호심경은 주 예수 그리스도의 보혈이다.

* 미혹당하는 자들은 호심경이 없는 자들이다.

* 종이 하는 기도를 듣고 있고, 그것들을 이룰 준비를 하고 있다.

* 귀신들이 하는 일은 기도하는 자들이 어찌하든지 기도하지 못하게 하고, 믿는 자들을 믿음에서 떠나게 하고, 시기, 질투, 미움을 넣어 주고 자기 동료들을 모아서 기도하는 양들에게 무게를 달지 못하도록 하고, 지혜 있는 자들이 우리에서 떠나 우왕좌왕하게 하고, 자기들이 우리로 들어가서 죽이고 도적질하고 멸망시키기 위함이라.

* 기도를 쉬는 동안 악한 영들이 자기의 집을 짓는다.

* 자신의 의를 드러내지 않는 자들이 귀신의 공격을 막고 이길 수 있다.

* 점치는 귀신들이 점쟁이들에게, 상대방의 사건이나 경험들을 귀에 넣어 준다. 그러나 앞길은 모른다.

* 자기를 지도하는 악한 영이 점치러 가는 사람들에게 가족이 피해를 당한다고 협박하고 자기는 귀신들에게 조종당하고 있는데도 그 사실을 모른다. 입으로 말하는 모든 것이 귀신들에 의해서 미혹당하고 있는데 종노릇하며 복만 믿고 찾아다니고 헛되고 거짓된 악한 미혹의 영에 유린당하고 있는 것을 모른 채 이집 저집 찾아다니며 주리고 목마르고 죄 사함도 없는 귀신들에게 엎드려 절하고 있다. 이들은 귀신들한테 정신이 팔려서 죽음이 코앞에 있는지 모르고 지혜롭지 못하게 복만 구하는 어리석고 미련한 자들이다.

* 고집이 센 자들은 기둥이 되기 어렵다. 귀신이 자기를 해치는 것도 모르고 있다.

* 사귐이 없는 기도를 하는 사람들은 귀신을 두려워한다.

* 제사하는 자들이 복을 받지 못하는 것은 귀신을 섬기기 때문이다.

* 귀신들은 지식을 통해 미혹하고 자신의 의를 드러내고 학식 많은 자들을 유혹한다. 악한 영들이 공격할 때 영적, 지적 수준을 알고 그들에게 맞게 공격한다. 앞으로 영적 전쟁이 치열하다는 것을 알고 있어라.

* 악한 영들은 기도와 말씀이 결여된 자들에게 자신의 법을 지키도록 강요하고 있다.

* 악한 영들이 자기의 모든 식구들을 동원하여 시험하고 공격한다.

* 나눔이 없는 양들은 공격하기 쉽다. 서로 교제하고 격려하고 사랑으로 하나가 되게 하라.

* 귀신이 어떤 이의 속에 들어가 있으면 가정에 평강이 없고 기쁨이 없고

6. 악한 영에 대하여

기도할 때 성령이 들어오지 못하도록 막으며, 근심과 두려움이 생긴다.

* 염려하는 것은 악한 영들이 기도하지 못하게 공격무기로 씨를 심어 놓고 방해하는 것이다. 그리고 자기의 양식으로 삼고 이성 없는 짐승으로 만든다. 입이 가벼운 자를 조심하고 경계하라.

* S 이단의 교주 L을 조종하는 악한 영들이 군대를 이끌고 다니면서 사람들을 미혹시키고 있다.

* 악한 영들은 사람의 잠재력을 파고들어 집요하게 공격한다. 이들의 수법은 다양해서 상상을 초월한다.

* 마귀들이 가정 중심의 교회를 무너뜨리려 하고 있다.

* 분이 조절이 안 되는 자들은 악한 영이 조종하는 자들이다.

* KW과 같은 비밀집단은 어두운 세력이 지배하고 있다.

* 일에 미치게 하는 것도 악한 영이다.

* 미혹의 영들이 기도의 집중도를 떨어뜨리려고 온갖 수단, 방법을 다 쓴다.

* 악한 영들은 기도의 모든 동작을 방해하고 광적인 예배만을 추구하게 한다.

* 옛사람은 마귀들이 좋아하는 사람이다.

* 귀신은 자기의 영역이 사라지는 것을 가장 두려워한다.

* 악한 영들은 모든 정보를 자신들의 기억장치 안에 넣어 놓고 다니면서 귀신들을 풀어놓고 무신론자한테는 하나님이 없다고 한다.

* 악한 영들은 믿는 자와 믿지 않는 자, 지혜로운 자와 지혜 없는 자를 다

루고 있다.

* 은혜 받은 자들이 분별이 안 되면 평생 귀신들에게 속고 산다.

* 영이 맑은 사람은 악한 영이 갖고 놀 수 있으므로 각별히 조심해서 안전 하게 하라.

* 옥에 있을 때(귀신들에게 사로잡혀 있을 때, 필자 주)에 나를 두려워함이 있 었더냐?

* 귀신들이 가장 두려워하는 자들이 기도하는 자이다.

* 믿음의 방패를 가지고 다니면서 악한 영들을 제압하라.

* 귀신의 정체는 사람의 마음에 있다. (마음을 보면 알 수 있다, 필자 주)

* 귀신은 사람의 마음을 움직이는 힘이 있다.

* 귀신은 사람의 생각으로 일을 하게 만든다.

* 그들의 마음이 하나님께 있지 않고 사람의 마음에 있게 한다.

* 사람의 뜻과 하나님의 뜻을 분별해야 귀신의 정체를 알 수 있다.

* 화로에 앉고(불구덩이에 빠져 고통당하는 삶을 살고 있는 것, 필자 주) 일어서 지 않는 자들은 귀신과 교제하는 자들이다.

* 허리를 동이지 않는 자들은 귀신들의 공격에 당한다.

* 너희들이 하는 기도훈련은 지혜롭고 아름다운 것이요 상급이 있다.

* 귀신의 역사를 막을 길은 기도뿐이다.

* 귀신들은 돈에 집착하는 자들은 돈으로 막고, 은사에 집착하는 자들은 은사로 유혹한다.

* 목적이 거룩하지 않으면 악한 영이 틈탄다.

* 가족끼리 대화가 없으면 악한 영이 틈탄다.

* 사춘기의 아이들이 기도하지 않으면 악한 영이 틈탄다.

* 좀비들은 귀신의 정체를 잘 나타내는 전유물이다.

* 귀신의 정체를 아는 사람만 살아남는다.

* 기도훈련을 받으면 귀신들도 자신의 소유가 아님을 알고 떠난다.

* 무당들이 하는 것은 귀신들을 달래는(잠재우는, 필자 주) 것이다. 내적치
  유도 이와 유사하다.

* 귀신과 교제하는 자들은 귀신과 교제하는 것으로 낙을 삼지만, 지혜로
  운 자들은 지혜를 행하는 것으로 낙을 삼는다.

* 지혜로운 자는 자기를 가르치는 영을 잘 살펴서 귀신에게 속지 않도록
  해야 한다.

* 귀신의 정체를 잘 알 수 있는 길은 말씀과 기도에 있다.

* 귀신의 정체를 아는 자들이 몇이나 되냐?

* 귀신과 교접하는 자들은 벌을 칠 배나 더한다.

* 사탄의 지도자들은 범사에 거룩함이 없다.

* 누구의 잘못을 지적하는 것도 사탄이 조종하는 것이다.

* 사탄이 마음을 공격하는 것은, 그 마음이 하나님께로 가지 못하게 하려
  함이라.

* 가정이 화목해야 악한 영이 틈타지 않는다.

* 하나님의 생각으로 가득 차야 악한 영이 틈타지 않는다.

* 시험을 갖다 주는 영은 지옥의 영이다.

* 동성에게 끌리는 자는 지옥 간다.

* 혼비백산하며 달아나는 자들을 두려워 말라.

* 악한 영들이 잠자는 자들에게 틈타는 것을 알고 잠들지 않도록 주의하라.

* 마지막 때에 사람의 미혹을 받는 일들이 많다.

* 귀신과 접속하는 자들은 귀신과 함께 망한다.

* 악한 영들은 순종하지 않은 자들을 공격한다. 하나님께 순종하는 자는 사람에게 순종한다.

* 귀신의 정체는 인간의 힘으로 알 수 없고, 오직 하나님의 능력으로 알 수 있다.

* 기도와 말씀이 뒷받침되지 않는 사람들이 마귀의 올무에 걸리기 쉽다.

* 언쟁은 하나도 유익이 없다는 것을 알고, 언쟁을 부추기는 악한 영들을 물리치라.

* 주와 함께하는 시간을 많이 갖는 것이 악한 영을 이기는 힘이다.

* 지혜로운 자들은 적들의 공격에 미리 대비한다.

* 마귀의 동태를 잘 살피라.

* 귀신들은 자기의 때를 기다리다가 기도하지 않는 자들에게 틈을 탄다.

* 마지막 때에는 기도를 못하게 하는 악한 영들이 어디서나 날뛰고 있다.

* 귀신들에게 속지 않으려면 오직 기도밖에 없다.

* 악한 영들은 두렵게 하는 것이 그들의 수법일 뿐, 전혀 두려움의 대상이 아니다. 그러므로 두려워하거나 염려하지 마라.

* 언제 악한 영이 틈탈지 모르니 기도의 끈을 놓지 마라.

6. 악한 영에 대하여

* 자신의 눈이 어두운지도 모르는 자는 악한 영의 공격 때문이다.

* 낙심하고 있을 때 악한 영이 들어간다.

* 저급한 영들은 기도훈련이 안 된 자들에게 집요한 형태로 기도훈련을 방해하고 미혹하여서 하나님을 보지 못하게 하려고 몸부림을 치는 자들이다.

* 거짓교사로 구성된 단체(이단 교회, 필자 주)는 미혹의 영들이 집결되어 있다.

* 기분 나쁠 때 악한 영들이 많이 틈탄다.

* 조급한 마음도 악한 영들의 공격이다.

* 귀신을 쫓아낼 때, 방언기도(자기도 알지 못하는 기도, 필자 주)를 하지 말라.

* 귀신들은 가족끼리 기도하는 것을 두려워한다.

* 귀신과 내통하는 자들과는 사귀지도 말고 만나지도 말아라.

* 침체기가 오는 것은 악한 영들이 기도의 불이 꺼져 가는 것을 틈타는 것이다.

* 뱀의 머리를 공격하는 것은 오직 기도뿐이다.

* 귀신의 영이 있는 곳에는 자유함이 없느니라.

* 악한 영들은 자신이 만든 틀 안에 가두기를 좋아한다.

* 악한 영들은 하나님의 도가 무너진 데를 찾아다니며 공격한다.

* 귀신들은 기초훈련이 안 된 자들에게 기도의 끈을 놓도록 계속 부채질을 한다.

* 악한 영들은 우리에 들지 않은 양들과, 나랑 사귐이 없는 양들의 뒤꿈치

예언 노트

를 상하게 한다.

* 사탄은 종말이 다가올수록 더 거세게 공격한다.

* 사탄은 양식을 좀먹게 한다.

* 악한 영들은 자기들이 가야 할 지옥을 천국이라고 속이는 것을 좋아한다.

* 악한 영들은 머리에서 나는 지혜로 하나님에 대해 가르치고, 하나님은 가슴에서 나온 지혜로 가르친다.

* 적이 공격할 때, 즉시 속사포를 쏘라.

* 속에 귀신이 있는 자들은 성령의 인도하심을 받지 못한다.

* 인생의 문제를 귀신과 논하지 말라.

* 귀신들은 기다리지 못하게 하는 것도 그들의 업(계략, 필자 주)이다.

* 대적기도를 하는 자들은 기도의 끈을 놓아서는 안 된다.

* 악한 영들은 능력이 없이 기도하는 자들을 두려워하지 않는다.

* 악한 영은 덫을 놓고, 덫에 걸리기만을 기다린다. 무늬만 크리스천들이 덫에 잘 빠진다.

* 헛된 욕망을 가진 사람은 귀신들의 앞잡이인 것을 알라.

* 말씀이 들어오지 않는 것도 다 악한 영의 공격 때문이다.

* 기도의 강은 지옥의 권세를 이기는 힘이다.

* 성경관이 잘못된 자들은 귀신의 덫에 걸리기 쉽다.

* 귀신의 역사가 많은 자리는 성령의 능력이 없는 곳이다.

* 생명의 법에 마음을 두지 아니하면 악한 영의 올무에 걸리느니라.

6. 악한 영에 대하여

* 자유함이 없는 곳에는 귀신이 있다는 것을 알라.

* 사악한 영들이 빛이 없는 자들을 공격한다.

* 영혼의 양식이 없는 자들에게 사자 떼들이 달려온다.

* 도적이 틈타는 것은 깨어 있지 않기 때문이다.

* 가정에 복음의 씨앗이 없는 가정은 귀신의 종이 된다.

* 멸망하는 영과 사귀는 자들은 내 나라에 들어올 수 없다.

* 극심한 가난은 악한 영들의 공격이다.

* 귀신과 싸워 이기는 것이 사명자의 역할이다.

* 분해서 도망하는 자들(귀신, 필자 주)은 영원히 꺼지지 않는 불에 던져질 것이다.

* 마귀는 정체성을 잃게 하는 데 천재이다.

* 귀신들은 자기의 유익을 따라 구하게 하고 있다.

* 거리 곳곳에 귀신들이 이웃을 해하려고 덫을 놓고 기다리고 있다.

* 확신이 있는 믿음은 사탄이 함부로 공격하지 못한다.

* 마지막에는 사탄이 성난 파도처럼 공격할 것이다.

* 귀신이 떼를 지어 다니는 것은 기도하는 자들이 무섭기 때문이다.

* 가정이 복을 받지 못하는 것은 아직 복음이 들어가지 않았기 때문이다. 이런 집은 귀신의 밭이다.

* 사탄은 굿을 좋아하며, 조상 중에 굿을 많이 한 집안에는 악한 영이 많이 잠입해 있다.

* 악한 영들은 마음에 파고 들어가 세상적이고 세속적인 지혜를 넣어 준다.

* 귀신의 정체를 알아내는 자들은 하나님의 능력과 보혈로만 이 일을 알 수 있다.
* 변화된 자들은 악한 영도 함부로 하지 못한다.
* 귀신들이 좀비들을 통해 들어온다.
* 귀신을 쫓아내면 좀비들이 사역자들을 공격한다.
* 귀신들은 따라다니면서 괴롭힌다.
* 가정에 시험이 많은 것은 악한 영들 때문이다.
* 악한 영은 하나님에 대한 모든 지식을 가지고 미혹시킨다.
* 사탄이 주는 음식을 먹지 않고 뱉어 버리는 자들이 나의 자녀들이다.
* 악한 영들은 눈에 보이지 않지만 기생충처럼 사람들의 뇌를 장악해서, 귀신들이 좋아하는 생각과 행동을 하게 한다.
* 사탄의 공격을 막을 길은 오직 기도뿐이다.
* 악한 영들은 사람이 많은 곳을 집중적으로 공격한다.
* 사탄은 자기를 드러내는 자들에게 들어가 틈탄다.
* 악한 영은 가정공동체가 회복되는 것을 가장 두려워한다. 가정을 공격하여 불화하게 하는데, 기도훈련이 된 가정은 이들이 함부로 공격하지 못한다. 사건사고가 많은 가정도 이들의 공격이 심화되기 때문이다. 이 보이지 않은 공격은 두려움, 공포, 만사를 귀찮게 하고 두뇌 회전을 방해한다.
* 귀신을 쫓는 일은 공격도 받을 수 있으므로 기도의 끈을 절대 놓아서는 안 된다. 사탄의 무리를 이기는 것은 기도밖에 없다.

6. 악한 영에 대하여

* 악한 영이 주는 열매는 미움, 시기, 질투이다.

* 네 입의 거친 말을 모두 뽑아내라. 거친 생각, 거친 말, 귀에 거슬리게 하는 것도 모두 악한 영의 공격이다.

* 마귀의 존재를 알지 못하는 자들은 마귀의 종으로 살아갈 수밖에 없다.

* 귀신은 나(하나님, 필자 주)를 보지 못하게 한다.

* 은혜가 떨어질까 노심초사하는 마음도 미혹의 영의 공격이다, 악한 영들이 은혜를 받은 자들을 수시로 공격하고 있다.

* 영혼의 양식이 없는 자들은 악한 영들의 표적이다.

* 귀신의 존재를 모르는 자들은 귀신의 종으로 살아갈 수밖에 없다.

* 잔꾀를 부리는 자들이 나를 볼 수 없는 것은, 악한 영들이 잔꾀를 부리는 자들에게 그들의 생각을 넣어 주기 때문이다.

* 사탄은 아버지를 닮지 못하게 하는 방식으로 사람들을 몰아간다.

* 성령의 능력이 없는 가정은 악한 영이 잠시라도 가만두지 않는다.

* 악한 영은 행함이 없는 자들을 공격한다.

* 귀신들과 연합한 자들은 지옥에 간다.

* 사탄은 DNA를 가지고도 속이고 공격한다.

* 고통당하는 양들이 입고 있는 옷은 더러운 자들이 입힌 죄의 옷이다.

* 사탄의 공격이 무서운 것은, 기도의 끈을 놓게 하기 때문이다.

* 악한 영들은 미움, 시기, 질투를 가장 좋은 거름으로 쓴다.

* 이리들은 무리지어 다니면서 시험과 올무를 놓고 때를 기다리고 있다.

* 악한 영들은 지도의 달인을 시켜서, 율법적인 신앙관을 고취하도록 가

르치고 사람 말에 복종하게 한다.

* 생명의 씨를 뿌릴 때, 낚아채는 것이 이리들의 임무이다.

* 선입견을 주는 것도 악한 영들의 계략이다.

* 항상 양식을 채우고 있어야 악한 영들이 달려들지 않는다.

* 주리고 목마른 영혼들이 나를 섬기지 못하는 것은, 악한 영들이 그들의 종을 보내 나를 섬기지 못하게 하기 때문이다.

* 문제 있는 양들이 나를 섬기기 어려운 것은 악한 영들이 짓밟고 있기 때문이다. 짓밟히지 않으려면 매일 깨어 있어야 한다.

* 악한 영이 씨앗을 뿌리고 도망가면 싹이 나기 마련이다. 그러므로 씨앗을 뿌리지 않게 미리 막아야 한다.

* 악한 영들은 너 죽고 나 죽자, 자살 폭탄 같은 마음을 넣어 준다.

* 귀신은 사람의 마음에 틈타고 들어와 자신의 생각을 넣어 준다.

* 잠꼬대를 심하게 하는 것도 악한 영의 공격이다.

* 적이 나타나면 즉시 공격을 해야지, 그냥 두면 시험에 들게 된다.

* 사탄의 접근을 즉시 알아차릴 수 있도록 깨어 있어야 한다.

* 마귀의 진은 의의 무기가 아니면 절대로 파할 수 없다.

* 영혼의 짐을 지우게 하는 악한 영들은 기도를 쉬게 하는 데 선수이다.

* 죄와 싸울 능력이 없는 자들을 마귀는 미끼로 삼는다.

* 악한 영은 자신을 우월시하는 특징이 있다.

* 미혹의 영이 사람의 마음을 빼앗아서 하나님으로부터 멀어지게 한다.

* 미혹의 영은 사탄의 총수이다.

* 조금도 염려하지 말고 귀신의 공격에 맞서 싸우는 믿음을 유지하라.

* 거짓의 아비를 따르는 자들은 모두 지옥에 간다.

* 귀신은 몸집이 크고(능력이 엄청나다는 뜻, 필자 주), 삼킬 만한 능력을 가지고 있다.

* 악한 영들이 영혼의 기쁨을 빼앗아 가고 기도를 못하게 한다.

* 악한 영들은 속이는 방법을 많이 알고 있다.

* 귀신에게 점령당한 것은 귀신이 주는 미끼를 받아먹었기 때문이다.

* 죄가 있나 없나 살피는 것이 악한 영이 하는 일이다.

* 악한 영들이 말초신경을 움직여서 조종한다.

* 청지기들이 나를 멀리하는 것도 악한 영들이 하는 것이다.

* 귀신을 섬기는 가정은 모두 지옥에 간다.

* 악한 영들이 주는 양식을 받아먹는 자들은 지옥 불에 던져진다.

* 사탄이 주는 지혜와 양식은 독이 든 금 사과이다.

* 마지막에는 악한 영들이 떼로 몰려다니면서 약한 자들을 해친다.

* 악한 영은 기름지지 못한 양(영적 양식을 못 먹는 양, 필자 주)을 훼방한다.

* 귀신은 지혜롭지 못한 자들에게 나타나 기승을 부리고 자신에게 복종하라고 요구한다.

* 죄를 멀리하는 것이 악한 영들을 따르는 것을 차단하는 것이다.

* 귀신을 쫓는 일은 나를 돕는 일이다.

* 귀신은 우는 사자처럼 자기를 찾는 자들을 가르치고 세속적인 기도를 하는 것은 아버지를 모르는 것이다.

예언 노트

* 적의 위치를 알아야 적을 공격할 수 있다.

* 정신적인 충격을 받은 사람은 귀신들이 지배하게 된다.

* 악한 영들은 열매를 따 먹지 못하게 하고 있다.

* 죄를 씻지 않는 자는 먼지를 쓰고 있는 것과 같고, 귀신과 교제하는 자
  들이다.

* 적이 나타나면 바로 공격해서 섬멸해야 한다.

* 귀신은 절대로 물러나지 않고, 지혜로운 자들이 기도를 계속할 때 믿음
  을 확인하고, 자비로운 하나님을 뵙고자 힘쓰고 애쓸 때까지 기다렸다
  가, 아버지가 오신다는 소식을 들을 때 물러나서, 다시 방문하고 일생토
  록 기회를 엿보는 자들이다.

* 살아 있는 자는 마귀를 두려워하지 않고 대적하는 능력이 생겨난다.

* 악한 영들은 문제를 만들고 다니는 무리이다.

* 귀신으로 배부른 자는 지옥에 간다.

# 7.
# 교회에 대하여

* 종교적인 신앙인들이 이색 종교단체에 빠질 것이다. 교회가 많이 무너

  질 것이다.

* 종교적인 교인이 아니라, 일꾼을 배출하는 교회를 만들라.

* 성장하는 교인이 되도록 하라.

* 나의 마당만 밟는 양들이 허다하다.

* 어리석고 무지한 양들이 기도하지 않고 있고, 이미 많은 양들이 넘어져

  있다.

* 영생을 준비하지 않는 양들이 허다하다.

* 너희 아버지를 기쁘시게 하는 것이 교회 일이다.

* 장소에 관계없이 내가 존재한다는 것을 잊지 말라.

* 사람들이 믿음의 주소를 모르고 있다.

* 교회 우두머리들이 성전 꼭대기에 있다.

* 교회가 기도하는 것을 잊었다.

* 오늘날의 교회는 기도는 하지 않고 무리수만 낳는다.

* 음식에 설탕이 없으면 맛이 없듯이, 맛을 잃은 성도들이 많다.

* 모가 난 성도들을 위로하고 기도하라.

* 성도의 삶은 기도하는 것과 말씀 전하는 것이다.

* 넋이 나간 성도도 있다.

* 교회에 빛 좋은 개살구들이 많다.

* 기러기 같은 신자들도 있다.

* 雜事(잡사, 어리석은 집사를 빗대어 하는 말, 필자 주)가 기도는 안 하고 주일만 지킨다.

* 빛 좋은 개살구들이 많은 교회를 부러워 말고 기도와 말씀으로 잘 양육된 교회를 부러워하라.

* 보고(報告)만 하고 기도를 안 하는 자들도 있다.

* 열에 일곱은 기도를 안 하고 자고 있다.

* 명색이 교회 지도자들이 기도를 하지 않고 있다.

* 성전을 기업하는 곳으로 만들지 말고 기도하는 집으로 만들라.

* 교회 문만 들락날락하는 사람들이 많다.

* 교회 안에 기쁨이 사라진 사람들이 많다.

* 내 이름을 팔지 말고 교회를 사랑하는, 민족을 사랑하는 교회가 되게 하라.

* 놋뱀을 쳐다보는 교회로 만들라.

* 교회 일꾼들이 기도는 하지 않고 딴 짓만 한다.

* 기름부은 자들이 기도를 잃어버리고 있다.

7. 교회에 대하여

* 교회는 기도가 넘쳐야 한다.

* 직분이 무슨 문제냐? 말씀과 기도로 훈련받는 자가 내 사랑을 입는다.

* 교회는 기도의 집이다.

* 교회는 지혜로운 지도자가 많아야 열매가 풍성하다.

* 교회는 자기만족이 아니고, 주를 높이고, 귀신을 쫓아내고, 내 이름을 알리는 곳이다.

* 지금의 교회는 기름(성령, 필자 주)이 떨어져서 기쁨이 사라지고 있다.

* 교회 안에 기도하는 일꾼들이 기도할 생각은 안 하고 웃고 떠들고 있다.

* 교회는 가정이 구원받는 곳이고 거룩한 이름이 등록되고 있는 곳이다.

* 교회 이름이 땅에 떨어진 이 시대에, 익지 않은 과일이 땅에 떨어진 것처럼 악취가 나고, 입으로만 "주여, 주여." 하고, 귀신들을 쫓는 일에 관심이 없고 귀신의 초청에만 몰두한다.

* 기쁨이 사라진 교회는 기름을 채워야 한다.

* 양들의 이름을 기억하지 못하는 목자들이 어떻게 기도하냐?

* 교회의 기둥들이 기름을 사용하지 않고 있다.

* 세상에 주의 종은 많지만 하나님께서 예비한 종은 많지 않다.

* 많은 종들이 살찐 양들만 찾아다닌다.

* 세상에는 타락한 종들이 많다.

* 기름 부어 세운 종은 많지 않다. 스스로 종된 자들은 그들의 일을 할 뿐이다.

* 많은 종들이 나의 뜻을 고려하지 않고 있다.

* 오늘날의 교회는 상업적이다.

* 세속적인 교회, 타락한 종은 많으나 기도하는 종은 많지 않다. 삶에 빠져서 나를 찾는 것을 잊어버리고 산다. 맹목적인 기도모임을 하고 있다.

* 한국교회가 영적으로 태어나기를 기도하라.

* 많은 종들을 내가 보냈지만 내게로 돌아오지 않았다.

* 많은 양 떼를 두지 말고 건강한 양 떼를 소유하라.

* 부자와 가난한 자를 구분하지 말라.

* 너희 세상의 교회들은 고장 난 수도꼭지(성령이 없는 것, 필자 주)이다.

* 교회의 머리는 나다.

* 성령의 소리를 들을 줄 아는 교회가 되라.

* 말세에는 유리하는 양이 많다.

* 세상에는 세속적인 교회가 너무 많다.

* 수많은 그리스도인들이 시험에 걸려 넘어지고 있다.

* 스스로 종이 된 자를 조심하라.

* 장(말씀, 필자 주)이 달아야 그 집 밥(신앙, 필자 주)이 맛이 있다.

* 나는 기쁨도 짓고 슬픔도 짓는 자니, 교회의 머리는 예수 그리스도이다.

* 교회를 기도하는 영혼들이 모이는 곳으로 만들라.

* 교회에는 기도하는 자와 기도하지 않는 자가 있는데, 기도하는 자는 자신을 기름(성령, 필자 주)에 담그지만, 기도하지 않는 자는 기름도 모른다.

* 교회에는 지게꾼이 많아야 한다.

* 미혹의 영이 교회 지도자들의 머리 위에 있다.

* 지금의 교회는 닭의 울음소리(깨우는 소리, 필자 주)를 내지 않는다.

* 교회는 기도의 강이 넘쳐야 한다.

* 교회는 자신을 버리고 남을 세우는 곳이다.

* 교회는 자신은 없어지고 그리스도를 세우는 곳이다.

* 교회는 자도록 내버려 두는 곳이 아니라 깨워서 일으키는 곳이다.

* 교회 일꾼들이 기도는 하지 않고 일에만 몰두하고 있다.

* 교회를 기도의 장(場)으로 삼고, 가정도 기도의 장(場)으로 삼으라.

* 교회는 자기 안에 그리스도를 모시고 사는 곳이다.

* 교회에 나를 기둥으로 세우고 예수 그리스도의 증인들로 채우라.

* 기도의 일꾼이 많은 교회가 이롭다.

* 교회는 죄를 씻는 장소이기도 하다.

* 교회는 자도록 내버려 두는 곳이 아니라 일으켜 세우는 곳이다.

* 종들이 기도는 하지 않고 자기 이름만 낸다.

* 교회 지도자들이 기도를 하지 않기 때문에 귀신들이 득실거린다.

* 성도의 수를 늘리는 교회가 아니라 믿음의 질을 높이는 교회가 되라.

* 종들이 기도는 하지 않고 귀신의 영만 좇고 있다.

* 교회는 자신의 이름이 아니라 아버지의 이름이 나타난다.

* 교회는 지혜의 샘이 솟아나야 한다.

* 작정헌금은 대부분 지도자의 명령이다. (하나님의 뜻이 아니라 목회자의 명령이라는 뜻, 필자 주)

* 교회는 기도와 말씀으로 무장된 곳이어야 한다.

예언 노트

* 교회는 자기 이름이 나는 곳이 아니라 십자가에 달리신 예수 그리스도가 나타나야 하는 곳이다.
* 교회는 지도자의 능력이 절대적으로 필요하다.
* 교회는 기도하는 행위보다 기도 자체를 가르쳐야 한다.
* 오늘날의 교회가 귀신들을 많이 불러들인다.
* 교회는 지극히 크신 이의 뜻을 이루고 기도하는 집으로 귀신들이 출입하는 곳이 아니다.
* 양적인 성장보다 질적인 성장에 중점을 두라.
* 길에 버려진 양들이 너무 많다.
* 교회는 기도의 강으로 만들어야 기적이 일어난다.
* 교회는 기도와 말씀으로 충만해야 한다.
* 교회는 자도록 내버려 두는 곳이 아니고 깨우는 곳이다.
* 교회 지도자들은 기도의 중요성을 자주 일깨워 주어야 한다.
* 내 집이 기름부음이 넘치도록 하라.
* 교회를 일꾼이 일하는 터로 만들라.
* 교회는 기도와 말씀으로 운집된 곳이어야 한다.
* 교회를 지도하는 삶의 터전으로 만들라.
* 교회의 모순은 기도와 말씀이 결여된 것이다.
* 교회란 지도하는 성령을 따라 행하는 곳이다.
* 생명을 살리는 일이 교회의 임무이다.
* 교회는 자기자랑이나 불순종이나 꾸밈이나 헛된 욕심이나 기도가 막히

는 모든 적절치 않는 행동과 말들을 삼가고 오직 우리를 죄로부터 해방시키고 그분의 뜻을 아는 일 외에 그 어떤 것도 주리고 목마른 자들에게는 위로가 될 수 없다는 것도 알아야 한다. 오직 기도와 말씀만이 그들의 치료방법이다. 교회가 기도의 일꾼이 모이지 않으면 더럽고 악한 것들이 들어와서 교회 생명을 죽이고 무기와 모든 것들을 빼앗고 일어서는 양들을 붙잡는 아무 쓸모없는 귀신들의 공간이 된다. 귀신들의 모양만 보지 말고 그들의 행적을 낱낱이 살피는 것이 교회의 역할이다. 노예가 된 자녀들이 귀신의 속박에서 벗어나게 하는 것도 교회의 역할이다.

* 교회를 자기 것으로 만들지 말고 주인이 명령하는 것을 지키는 곳으로 만들어라. 성령의 능력이 늘 활동하는 곳이다.

* 교회가 기도를 잃어버리면 사탄이 지배한다.

* 교회가 기도하는 장소여야지 다른 것으로 귀신들이 출입하는 곳으로 만들어서는 안 된다.

* 오늘날 교회가 지혜와 지식을 구하지 않는다. 지혜와 지식이 없어 망하는도다. 먹고 마시고 떠들다가 망하는 교회가 많다. 지혜가 없는 교회이다.

* 교회 공동체는 사람의 공동체가 아니라 하나님을 닮는 공동체여야 한다.

* 교회는 귀신들이 발붙일 곳이 없도록 해야 한다.

* 교회 안에 귀신들이 많다는 것도 염두에 두라.

* 이름만 교회지, 속이 지옥인 데가 많다.

* 종들이 기도는 안 하고 귀신들의 말만 듣고 있다.

* 교회는 지도자들이 기도하는 공동체를 만들어야 한다.

* 교회는 기도하는 일꾼들이 모이는 곳이다.
* 교회는 기도하는 곳이어야 하며, 귀신이 역사하는 곳으로 만들어서는 안 된다.
* 교단은 교세를 확장하기 위해 일하고, 교회는 창에 찔린 예수를 알리지 않고 업적을 알리는 데 혈안이다. 양들은 귀신들의 공격에 독 안에 든 쥐이고, 쓸 만한 양들은 귀신의 조화와 활동에 무지하며 어디서부터 왔는지 모르고 기쁨도 소망도 없는 일에 몰두한다. 아버지의 뜻에 무지하여 기초훈련이 안 된 자들은 귀신들의 존재도 모른다. 종들을 부리는 영은 고급영이다.
* 종들이 기도하지 않고 입으로 "주여, 주여." 한다.
* 주리고 목마른 가정을 회복시키는 일이 교회 일이다.
* 종이 주인의 말을 듣는 것이 당연하나 어찌된 일인지, 내 일은 마다하고 자신들이 하고 싶어 하는 일만 골라서 하고, 내 양들은 길거리에서 무차별하게 학대당하는 것도 모르고 자기들만 먹고 잔치하고 있다.
* 교회는 자복하고 회개하는 심령들이 모이는 곳이다.
* 구경꾼으로 모이는 교회가 아니라 기도의 용사로 모이는 교회가 되게 하라.
* 교회는 기도의 일꾼들이 기도하지 아니하면 미혹의 영들이 무리지어 들어온다.
* 선장이 잠자면 어떻게 되겠느냐?
* 선장이 잠자는 배는 다 굶어 죽을 수밖에 없다.

* 교회는 자신이 누구인지를 아는 자들이 협력하여 선을 이루는 곳이다.

* 교회는 자신의 뜻을 이루는 곳이 아니고 아버지의 뜻을 따라 가는 곳이다.

* 교회는 자랑하는 곳이 아니라 기도의 장소이다.

* 교회는 세속적인 곳이 아니라 예수님의 생명을 얻는 곳이다.

* 교회는 사탄이 지배하는 곳이 아니라 예수 그리스도의 영이 지배하는 곳이어야 한다.

* 교회를 소금과 빛의 공급처로 삼으라.

* 마땅히 행할 길을 가르치는 교회가 내 교회이다.

* 죽게 내버려두는 교회가 아니고 일으켜 세우는 교회가 되도록 하라.

* 세움을 입게 하는 교회가 되도록 하라.

* 교회는 기도의 강이 넘쳐야 하는 것이 당연하다.

* 나를 나타내지 않은 교회는 죽은 교회이다.

* 교회 교육은 기도와 말씀이 우선이 되어야 한다.

* 교회는 자기의 뜻이 아닌 아버지의 뜻으로 사는 원칙을 가르치는 곳으로, 마지막 때는 이 원칙이 사라지고 무너지며 자기 마음대로 산다. 기초 신앙이 무너지고 세속적이고 세상적인 잣대로 세상을 사는 물질만능이 판치며, 인본적인 사상이 교회 안에 들어온다. 이미 기초 신앙이 무너진 교회들이 많다.

* 어린이 교육도 필요하다.

* 기도는 자신이 누구인지를 먼저 알고 자신의 뜻이 아닌 아버지의 뜻을

좇아서 살기 위한 것으로, 기도하는 자들이 자도록 내버려 두는 교회가
아니라 깨우고 일으키는 교회가 되게 하라.

* 조카 롯을 구한 아브라함처럼 깨우고 일으키는 교회가 되라.

* 오른손이 하는 일을 왼손이 모르게 하는 것도 교회가 할 일이다.

* 기침소리도 크게 내지 않은 곳이 교회이다.

* 기도하지 않는 교회는 인분을 쓰고 있는 교회이다.

* 나의 돌봄이 있는 교회는 기도하는 교회이다.

* 교회는 자기의 짐을 날마다 지고 오는 자들이 많아야 한다.

* 교회는 기도의 장소이지 만나는 장소가 아니다.

* 교회는 자신의 뜻과 아버지의 뜻을 알고 분별하여야 한다.

* 영적 각성이 없는 교회는 죽은 교회이다.

* 교회가 기도의 불이 꺼지면 귀신들이 몰려온다.

* 교회는 지식이 아닌 지혜로운 자들이 모인 장소여야 한다.

* 교회는 양들이 사탄의 공격에서 보호받도록 악한 영들의 전략 전술을
  잘 알려 주어야 한다.

* 소외받는 자들을 교회가 관심을 가져야 한다.

* 교단이 나를 섬기지 못한다.

* 귀신의 종은 자신의 일을 할 뿐 내 일과 무관하다. 내가 원하는 지도자
  의 자질과도 무관하다.

* 한국에 있는 많은 종들이 미혹의 영에 속고 있다. 어깨너머로 배운 지식
  (신학교 교육, 필자 주)으로는 나를 만날 수 없다.

7. 교회에 대하여

* 재미로 교회에 다니는 사람도 많다는 것을 알아라. 미혹의 영은 재미로 교회에 다니게 한다.

* 그림의 떡처럼, 행동하지 않고 말로만 지도하는 자들이 많다.

* 교회는 양육시스템이 잘되어 있어야 한다.

* 종들이 기도는 안 하고 소 귀에 경 읽는 소리만 하고 있다.

* 나는 귀족 중심의 교회를 싫어한다. 어려운 자들과 손잡는 자들이 나와 함께한다. 어려운 자들의 형편에 서 있는 자들이 되라.

* 교회의 종들은 자신이 양육하는 방식이 하나님의 뜻에 일치하는지를 살펴야 한다. 양육 방식에 따라 하나님의 종도 되고 사탄의 종도 될 수 있다.

* 교회는 십자가를 지는 자들이 오는 곳이다.

* 교회는 자기의 뜻을 아버지께 두는 곳이다.

* 교회는 천국으로 가는 정거장이다. (차를 타지 않으면 아무 소용이 없다, 필자 주)

* 예배의 참맛을 아는 자들이 많지 않다.

* 자기의 갈 길을 아는 자들이 많지 않다.

* 교회는 자신의 이름이 높아지면 나를 떠난다.

* 무수히 나를 떠난 종들이 많다.

* 가정이 중심이 된 교회는 절대 무너지지 않는다.

* 교회는 하나님의 지식을 상식적으로 말하는 것이 아니라 진리를 전해야 한다. 인본주의적 설교가 상식적인 설교이다.

* 기존에 했던 것을 반복하는 고리타분한 설교나 율법적인 설교가 아니라

하나님의 깨달음으로 새롭게 설교해야 한다.

* 곰팡이 균이 퍼지듯이, 교회를 쓰러뜨린다.

* 자기도 도를 깨닫지 못한 자들이 남을 가르치고 있다.

* 교회는 사람의 숫자가 아니라 믿음의 양과 질을 중요하게 생각하여야
  한다.

* 삯꾼이 하는 일은 생명을 잃게 하는 일이다.

* 교회 안에도 귀신들이 수북이 쌓여 있는 곳이 많다.

* 귀신을 두려워하는 자들로 만드는 것이 오늘날의 현실이다.

* 사귀는 기도를 가르치지 않는 것은 허무한 종교이다.

* 교회는 이기는 자들이 있어야 마귀의 공격을 퇴치할 수 있다.

* 교회는 나를 잃어버린 자에게 나를 찾아 주는 곳이다.

* 교회는 아름다운 자들이 많아야 거룩한 집이라.

7. 교회에 대하여

# 8.
# 시대에 대하여

* 기회가 나는 대로 일하라. 이 시대는 노아의 시대와 같다.

* 노아의 시대에 사람들이 먹고 마시고 장가가고 시집가고 있으면서 홍수가
  나서 그들이 다 멸하기까지 깨닫지 못하였던 것처럼, 이 시대가 그렇다.

* 이 세상은 소돔과 고모라이다.

* 심판의 날이 가까워졌다고 내가 명하지 아니하였느냐?

* 요나를 묵상하라.

* 주의 강림하심이 가까움이라.

* 이 세상은 너희들이 머물 곳이 아니다.

* 마지막 때를 준비하라, 너희 짐을 나누어라.

* 시대의 흐름을 파악하라.

* 사람들이 사는 즐거움에 빠져 나를 잊어버리고 산다.

* 마시고 노는 이 시대에 너희들이 불씨이다.

* 혼이 빠진 영혼들이 지구를 덮고 있다.

* 마지막이 임박했다.

* 임박한 종말.

* 노아의 때와 같이 이때가 그렇다.

* 精算(정산)이 필요할 때가 온다.

* 일을 해도 먹지 못하는 때가 온다.

* 산 자와 죽은 자를 심판하러 오시리라.

* 심판이 임박했음을 알라.

* 앞으로 믿지 못할 일도 일어난다.

* 신비한 일이 일어날 때를 기다리라.

* 길에 버려진 영혼들이 즐비하다.

* 구름이 가릴 때가 오리라. 이 땅에 두려움이 임하리니 그때는 끝나리라.

* 주께서 이름 부를 날이 멀지 않았다.

* 노을이 붉어지면 저녁임을 알라. 때가 악하다는 것을 알라.

* 혼이 빠진 영혼들이 길에 널려 있다.

* 예고 없이 내가 이를 날이 멀지 않았다.

* 행성이 떨어질 날이 가까워졌다.

* 심판의 날이 멀지 않았음을 직시하라.

* 앞으로 일어날 일을 말하겠다. 영혼을 사고파는 일들이 있을 것이다.

* 날이 붉어지면 때가 가까워 옴을 알라.

* 오늘 있었던 자들이 내일 없는 게 세상이다.

* 두 날 가지신 이가 이르시되, 낫이 곡식에 댈 때가 왔다.

* 알곡과 쭉정이를 가릴 때가 오나니.

* 영원한 날이 곧 이르리니.

* 기독교의 정신이 많이 파괴되고 있다.

* 말세가 오는 징조는 말씀의 기갈이다.

* 종말이 지연되는 이유는 기도를 쉬는 자들이 자기 나라에 오도록 기회를 주기 위함이다.

* 마지막 날에는 가족이 분열된다.

* 종말이 가까울수록 사람들의 마음이 험악해진다.

* 종말에는 기도의 끈을 놓는 자들이 허다하다.

* 영적 기갈이 오는 때를 알라.

* 마지막에는 주인을 잃은 양들이 흩어진다.

* 마지막 때에 회개하는 자들이 적고, 자기의 의를 드러내는 자들이 속출한다.

* 마지막 때에는 기도하는 사람이 현저히 줄어들고 집중력도 떨어진다.

* 말세에는 양들이 흩어질 것이다.

* 이 세상에서 유혹이 많은 것은 성경에서 말한 물질주의가 팽배해 있기 때문이다.

* 마지막 때는 악한 영이 더욱 거세지고 폭력적이 된다. 기회만 노리고 있고 언제든지 고통 가운데 몰아넣을 수 있는 능력을 소유하고 있음을 알고, 시험에 빠지지 않도록 기도에 힘쓰라.

* 마지막 때에는 귀신을 잡는 자들이 많지 않고, 귀신을 따르는 자들이 많다.

예언 노트

# 9.
# 전도에 대하여

* 전도는 낫(지혜, 필자 주)이 잘 들어야 한다.

* 전도의 미련한 것으로 내 이름이 전파되어야 한다.

* 나도 알리면서 살아라.

* 전도를 시작하라.

* 전도의 밀알이 떨어지기를 기도하라.

* 전도를 이해하고 기도하라.

* 전도를 어려워하지 말고 기도하고 전하면 기회가 생긴다.

* 인도를 받는 자들은 인도자들이 다 양육해야 한다.

* 전도 시에 나를 투입시켜라.

* 전도를 미루지 말고 시작하라.

* 전도를 시작하고 열매 맺기를 기도하라.

* 전도의 문이 열리기를 기도하라.

* 전도하는 것이 기도하는 것 이상으로 중요하다.

* 전도를 기획하고 지도하라.

* 전도 프로그램을 만들라.

* 구원하고자 하는 명단을 작성하여 내게 올려라.

* 기업을 무를 사람(예수님, 필자 주)에게 인도하라.

* 말로 전도하는 것보다 기도로 영혼을 전도하는 것이다.

* 기회가 되는 대로 전도하라.

* 희망이 없는 자에게 복음을 증거하라.

* 희망이 없는 자에게 복음을, 가장 사랑하는 자에게 복음을, 고통당하는
  자에게 구원의 소식을 전하라.

* 만나는 모든 사람들에게 주의 사랑을 전하라.

* 그들이 내 말을 듣지 아니할지라도 전하라.

* 전도를 하지 않으면 기운이 없어진다.

* 전도에도 항상 힘써야 할 것을 잊지 말아라.

* 온 천하에 다니면서 복음을 전파하라.

* 전도의 열매도 가져야 하느니라.

* 전도의 열매를 맺게 하기 위하여 기도하라.

* 전도의 열정도 있어야 한다.

* 전도의 목적과 동기도 거룩해야 하며, 사람을 모으는 전도가 아니라 영
  혼을 구원하는 전도가 되어야 한다.

* 가난한 자에게 복음을 전하라.

* 가정도 복음화가 안 되면 귀신의 영향을 받아 불행해진다.

* 가족이 구원받지 못하는 것은 억울한 일이다.

* 전도의 목적과 동기가 거룩해야 한다.

# 10.
# 자녀들의
# 신앙교육에 대하여

* 기본적인 신앙교육은 가정에서부터 시켜라.

* 요즘 아이들은 세속적인 생각으로 가득 차 있다.

* 부모가 가정에서 성경을 읽게 하고 가르쳐야 한다.

* 가정 중심으로 신앙교육을 가르쳐라.

* 자녀교육에 힘쓰라, 주의 심판이 가까우니라.

* 학생이 기도하지 아니하면 지혜가 없어지고, 악한 영은 학생이 공부할
   때 많이 들어가서 지식을 넣어 주고, 성장하면 자기의 종으로 삼아 지도
   하는 모든 자들에게 영향을 주며 양손에 자기 이름을 새기고 어디로 가
   든지 조종한다.

* 기독교의 배경도 알아야 한다. 이스라엘 민족은 태아 때부터 하나님을
   가르친다.

* 태중교육을 하는 자들은 지혜로운 자들이다.

* 태중교육을 받은 자들은 태어날 때부터 지혜가 남다르다.

* 히브리인들이 지혜로운 것은 어릴 때부터 하나님을 부지런히 가르치는

데 있다.

* 하나님을 가르치는 데 익숙하지 않은 것은, 어렸을 때부터 훈련을 받지 않았기 때문이다.

# 11.
# 특별 언급

## 자녀문제

가정에 일어나는 문제들은 귀신들이 조종하는 목이 뻣뻣한 가장들이 자녀들에게 아버지의 말씀대로 가르치고 순종하는 것을 가르치지 아니하는 데서 오는 문제들이 많다.

## 정신질환

정신질환 환자들은 악한 영들 중에서도 지도자급의 영인, 미혹의 영이 많이 들어 있으며 주로 병의 시작 단계에서 많이 들어간다. 가난하고 도덕적으로 문란한 가정과 개인과 단체 속에 들어가 그들의 머리를 공격하고 생각을 지배해서 자기가 하고자 하는 것에서 멀리 떠나 자꾸 허공 속에서 사는 것처럼 멍하니 바라보게 한다. 기분이 나쁠 때나 슬플 때 주로 밤사이에 이들이 집중적으로 공격해서 가정을 무너뜨리고 지혜롭지 못한 생각으로 자기 자신이 누구인지 모르는 삶을 살게 한다.

이러한 자들이 오늘날 무수히 많은 것은 시대가 악해질수록 이들의 공격이 더욱 거세지고 있고 사람이 악해짐으로 인해서 더욱 이들의 활동이 왕성해지기 때문이다.


## 가정문제

너희들이 어려운 가정이 무너지는 것을 방지하고 이들의 삶을 잘 이해하려면, 악한 영들의 공격을 무기력하게 하는 하늘 아버지의 능력을 구해야 하느니라. 문제가 발생된 경우에는 악한 영이 지배하는 사람들이 있는 가정에 있는 자들이 하나님을 향한 열정을 가지고 이들을 공격하는 악한 영을 이길 힘을 가지고 맞서 싸워야 하느니라. 힘든 자들의 삶을 잘 살피고, 주리고 목마른 자들을 주께로 인도하는 자들이 인내하고 교회가 이들의 상처를 어루만져야 한다. 앞으로 이러한 자들의 요청이 들어오면 귀신을 쫓아내서 그들이 자신을 되찾고 새 삶을 얻도록 도와야 하느니라.


## 천국에 대하여

천국은 알지 못하고, 알 수도 없는 곳으로 이 땅에 사는 자들의 영혼만 올라가는 곳이다. 이 땅에서 수고하고 무거운 짐을 다 내려놓고 쉼을 얻는 곳으로 양들이 아버지 품에서 영원히 쉬는 곳이다. 내 나라에 올 자들이 믿고 구원 얻은 백성이 많지만, 나는 모든 사람들이 내 나라에 들어오기를 바란다. 그러나 그들이 나를 알지 못하고 알려고 하지 않기 때문에 (나의 나라에 들어오는 자들은 소수이므로) 내 알고서도 내려가지 못하고, 기도하는 자들이 원수들을 이기고 내 나라에 들어오도록 문밖에서 기다리고 있느니라. 이러한 것들을 알려 준다.

천국은 기도하는 사람이 오는 곳이다. 임마누엘하시는 하나님의 종들이 오는 곳으로 이곳에 오는 자는 예수 그리스도의 비밀을 알고 그분의 뜻을 따라 지상에서 자신의 뜻대로 살지 않고 아버지의 뜻을 위해 사는 자들이다. 이곳은 아버지를 섬기고 사모하는 자들이 오는 곳이며, 기도와 말씀으로 거듭난 자들이 자신의 의를 드러내지 아니하고 위로와 격려하시는 하나님 아버지의 일을 하고 땅에서 수많은 영혼들을 아버지 품으로 돌리게 하는 자들이 오는 곳이다. 또한 귀신을 쫓아내고 자신보다 다른 사람을 더 사랑하고 지혜로운 종들이 오는 곳이다. 이곳은 사람의 눈으로 귀로 보고 들을 수 없는 낙원으로 얼마나 아름다운지 신부가 신랑을 위해 단장하고 오직 하나님만을 섬기는 무수한 천군 천사들과 함께 영원히 쉼을 누리고 할렐루야로 찬송하는 거룩하고 성스러운 곳이며, 어떤 말로도 표현이 어려운 곳으로 신기하고 신비한 곳이다.

너희들이 내가 시키는 모든 일을 감당하고 돌아오면 이곳에서 영원토록 살기를 바라고 오늘도 너희들이 내 종으로 하나님을 잘 섬기고 있는 것을 보며, 섬기는 영들을 보내서 너희가 일하는 일터마다 따라다니라고 명령하고 있다.

## 지옥과 무저갱에 대하여

지옥은 귀신들만 가는 곳이 아니고 세속적이나 세상적으로 사는 자들이 가는 곳으로 인간들이 알 수도 없고 어떤 곳인지도 모르며, 내 말에 순종하지 아니하는 자들이 가는 곳이다. 이마에 인 맞은 자들도 이곳에 가며 영원히 죽지 않는다. 무저갱에 있는 자들이 이곳이 더 좋다고는 하지만 여기에 가는 자들은 이마에 인 맞고 불순종하고 자기중심적인 자들이 가는 곳으로 고통하는 소리가 상상을 초월한다. 지독하게 무서운 뱀들이 자기 몸을 감싸고 있어서 몸살이 나며, 아버지에게 구원해 달라고 소리치지만 아무에게도 들리지 않는 곳이다.

이곳은 기도하지 않아서 가는 곳으로, 입으로 "주여, 주여." 하며 말 안 듣는 사람들이 가서 지상에서도 하지 않은 기도를 거기에서 하고 있다. 그곳은 불이 있는데도 타지 않는 곳이다. 지옥은 궁창 밑에 가장 어둡고 깜깜하고 이마에 인 맞은 자가 들어가는 곳인데 이마에 인은 악한 자들이 사람들의 이마에다 자기들의 이름을 새겨 넣는다.

이들이 가는 곳은 무저갱인데 무저갱은 지옥보다 더 깊은 곳이며, 무리지어 다니는 악한 영이 가는 곳이다. 이 땅에서 지옥의 영을 끌고 다니면서 종노릇하는 귀신들과 귀신들에 의해서 점치는 자들과 무당과 자기에게 기도하는 모든 더러운 귀신을 섬기고 자신들을 우상으로 섬기는 자들이 가는 곳으로 이곳은 지옥보다 더 뜨겁고 이가 갈리는 곳이다.

이곳에 가는 자들은 양들을 괴롭히고 못살게 하며 미친개처럼 다니면서

예언 노트

우리에게 기도하지 못하게 하고 저리로서 산 자와 죽은 자를 심판하시는 만왕의 왕이신 예수 그리스도를 믿지 못하게 하고 따라다니면서 주리고 목마른 자들을 보혈로 씻지 못하게 하고, 입으로 "주여, 주여." 하면서 구주 예수 그리스도의 비밀을 모르게 하는, 탐욕, 욕심이 가득한 자들이다. 자기밖에 모르는 자들과 기도하지 아니하는 자들을 대상으로 포로로 삼아서 주리고 목마른 자들이 상 받지 못하도록 하며 자기의 의를 드러내게 하고 목자 예수 그리스도께 경배하지 못하게 하는 무리들이 가는 곳이다. 마귀들과 귀신 섬기는 자들과 전지전능하신 하나님을 섬기지 못하게 하는 거짓교사와 율법적인 자들과 아끼는 종들을 조롱하고 박대한 자들, 중들과 長身(장신)인 사탄과 학식만 자랑하고 다니는 무리들과 자기를 자랑하고 우리 구주 예수 그리스도의 흘리신 보혈이 아무짝에도 쓸데없다고 주장하는 자들과, 희고 거룩한 당신의 자녀들에게 지독하게 섬기는 자들은 헛된 수고를 하고 다닌다고 하고, 지도하는 지도자에게도 자기들이 믿는 우상들을 믿으라고 거짓 증거하는 자들이다.

귀신들은 무학력자라도 자기가 가르치는 자들에게 지식과 성경지식들을 주고, 학식 없는 자들에게도 이해를 시키면서 오직 진리만 추구하는 자들을 거짓된 사상으로 속인다. 허리에서 난 자들(아브라함의 자손들, 필자 주)은 천국에 간다고 속이면서 학식도 넣어 주고 자기들이 하나님 위에 있다고 다니는 자들이다. 오만하고 지혜 없는 자들에게 들어가 거만하게 하여서 하나님의 일꾼들을 몰아세우고 허리에서 난 자들을 속이고 다니는 자들이 가는 곳이다. 지옥보다 더 뜨겁고 자기밖에 알 수 없는 깜깜한 곳으로 지옥에 있는 자들이 자기보다 더 낫다고 하면서 우리에게 지옥으로 가게 해 달라고 소리치며 살아계신 하나님께 자비를 베풀어 달라고 하는 곳이다.


## 천사에 대하여

너희들이 기도할 때 많은 군사들을 보내 줄 것이다. 그들은 적들의 군사보다 더 많고 강한 군사들이다. 그러므로 적들의 공격에 맞서 싸워라. 이들이 어디서부터 오는지 너희들이 보지는 못하고 알지 못하나 비밀스럽고 용맹스런 군사들이라. 아버지의 명을 받은 자들이므로 오직 이들이 임하는 곳은 자기의 양들을 악한 자의 입에서 건져 내는 선한 목자들이 일하는 일터이다. 천군 천사는 학이 날아서 오르는 것처럼 재빨리 날아서 지극히 크신 아버지의 군사로 일하는 일터마다 자기의 임무를 수행하는 하늘의 군사들이다. 오늘도 너희들이 다니는 모든 곳에서 너희들을 보호하고, 너희들이 기도하는 모든 곳에서 함께 일하는 용맹스런 하늘의 군사들이다. 나도 지상에서 일할 때 이들의 도움을 받아 아버지의 일을 하고 아버지의 뜻을 이룬 자이다. 이들의 수는 밝힐 수 없지만 무수한 숫자로 입으로 말하고 듣는 자들이 아니라 하늘에 있는 영으로서 위로와 평강의 영으로 너희들이 기도할 때나 일할 때 하루에도 여러 번씩 내렸다 올랐다 하는, 독수리처럼 빨리 나는 수많은 천군 천사로 나를 섬기는 영이니라.

너희들에게 이들의 존재를 알리는 것은 너희도 이들의 존재를 알아야 귀신들이 너희를 공격할 때 힘으로 능으로 하지 않고 오직 여호와의 힘으로 한다는 것을 알리고 싶어서이다. 이 땅에 사는 날 동안 그들은 너희와 항상 있을 것이니라. 두려워 말고, 그들이 너희를 잘 섬기도록 일러 놓았으니 어려움이 있더라도 아버지의 군사들이 위로와 평강으로 너희가 사는 날 동안 있으리라. 훗날 이 땅을 떠날 때 그들이 너희 영혼을 나의 나라에 인도하는 것이란다. 이 신기한 비밀을 알리는 나는 예수 그리스도의 성령이니라. 오직 주 예수 그리스도만 경배하고 나만 섬기라. 기쁨이 있고 평강이 있는 삶을 살다가 내 나라에 오거라.

## 성령이 말씀하시는 기도의 방법

입으로 나를 찾는 자는 기도의 본질을 모르는 자다. 기도의 본질은 나이고 자기도 알 수 없는 자를 만나는 것이므로, 보이지 아니하고 들리지 아니한다 해도 그분이 누구인지 알려면 마음으로 만날 분을 사모하고 이름을 부르면서 자기에게 오시도록 마음을 다하고 뜻을 다하여 나를 찾아주시도록, 오직 기도하는 일에 집중하라. 일상에서도 기도하는 마음이 떠나지 아니하고 자기에게 오시도록 집요하게 조르는 것이다.

모든 이들이 이 기도를 하지 않고, 주리고 목마른 자가 오로지 나를 찾고자 하는 혹독한 마음을 읽었을 때 내가 그를 만나려고 하고 있는데 그들은 중도에 포기하고 자기들의 입으로 하나님은 자기에게 오시지 않는다고 불평만 하고 있다.

이렇게 기도하는 자는 어떤 일에서도 인내하지 아니하고 자기 고집대로 모든 일을 하며 하나님 없이도 자기의 일을 하겠다는 사람이다. 이런 사람은 나를 만날 수도 없고 나는 그런 사람의 아버지도 아니라. 모든 사람들이 마음과 뜻을 다하는 집중된 기도를 하고 정성스럽고 끈질긴 자들이 나를 만나는 것이지 조급하고 자기중심으로 나를 만나려고 하는 사람은 나도 그들을 만날 수 없다는 걸 알려라.

예언 노트

# 에필로그

필자 부부가 성령의 음성을 들은 지 벌써 12여 년이 흘렀다. 처음에는 하나님의 사자라며 자신의 신분을 밝힌 영이 필자 부부에게 영음으로 들려주고 나서, 그 다음부터는 성령께서 말씀해 주시기 시작했다. 성령은 자신의 신분을 하나님, 예수 그리스도를 혼합해서 사용하셨다. 처음 1년여는 주로 필자의 사역과 가족이나 교인들의 개인적인 내용이 주를 이루었지만 2년째부터는 개인적인 내용은 대폭 줄어들고 성도들의 삶과 신앙, 사역과 신앙에 대한 쪽으로 중심을 옮겨 갔다. 간간히 귀신들에 대한 내용이나 이 시대 혹은 우리네 교회에 대한 말씀도 적지 않았다. 매일 말씀해 주시니까 3년째부터는 어떤 내용이 될까 필자도 궁금했다. 물론 이 책의 내용이 모든 사람들이 성령 하나님께서 말씀하신 것이라고 선뜻 믿기는 어려울 것을 필자가 모르는 바는 아니다. 필자도 처음에는 혼란스러웠던 시절이 있었다. 그래서 노트에 기록하면서 말씀했던 내용이 나중에 성취되는지를 확인하고 또한 성경 말씀과도 일치하는지 검증했었다.

영음으로 들려주는 이는 성령만 있는 것은 아니다. 악한 영도 동일하게 넣어 줄 때도 있고, 세미한 음성으로 들릴 때도 적지 않으므로 자신의 생각과 섞일 가능성도 있다. 기존 교회에서는 인정을 하지 않지만, 우리네 교회 주변에는 예언의 은사를 받았다고 주장하는 이들이 적지 않다. 필자도 진위를 확인해 달라는 지인의 요청으로 호기심에 차서 이들을 두어 번 방문한 적이 있었다. 그들이 언급한 내용은 전부 개인적인 호기심이나 유익을 만족시켜 주는 사항이 주를 이루었는데 필자의 잣대로 재자면 그런 유형의 예언자는 대부분 거짓이다. 성령님은 사람들의 호기심이나 만족시켜 주고 유익을 채워 주기 위해 미래의 일을 알려 주시는 점쟁이가 아니시다. 그러나 예언의 은사 자체를 터부시하는 기성교회의 풍토가 오히려 성경적인 지도나 통제를 벗어난 거짓 예언자들이 교회 주변에 독버섯처럼 양산하게 되는 빌미를 제공한 셈이 되었다.

예언에 대한 기성교회의 입장과는 무관하게, 성경은 예언에 대한 말씀을 중요하게 언급하고 있다. 초대교회에는 예언자가 다른 영적 지도자들과 어깨를 나란히 하였으며 교회 안에서 행해진 예언은 분별력이 있는 다른 예언자들의 검증을 받은 후에는 하나님의 말씀으로 여겨졌다. 그래서 적지 않은 내용이 성경의 기록으로 남아 있다. 그래서 고린도전서 14장 1절에는 영적인 능력 중에서도 특별히 예언을 하라고 권면하고 있으며, 4절에 교회에 덕을 세우고, 또 데살로니가전서 5장 20절에 예언을 멸시하지 말며, 고린도전서 14장 24절, 25절에는 교인들을 가르치고 잘못을 책망하며 하나님께 경배하기 위해서는 예언의 역할이 중요하다고 언급하고 있다. 이처럼 예언의 은사는 다른 은사에 비해 큰 은사로 여겨졌으며 바울사도는 고린도전서 14장 5절에서 다른 은사보다 예언을 하라고 권면한 이유이다.

수많은 논쟁을 야기할 잠재적인 여지가 충분함에도 이 같은 내용의 책을 쓰는 이유는 성령의 명령 때문이다. 성령께서는 필자 부부에게 말한 내용들을 제자들에게 가르치고 세상에 선포하라고 하셨다. 우리네 교회에 대한 부정적인 내용들과 종말의 시기에 대한 두려운 말씀들은 적대적인 논쟁을 불러일으킬 것이 분명하지만 그렇다고 뒤로 물러서서 안일하게 몸을 사리고 싶지도 않다. 그것은 하나님이 기뻐하시는 종의 자세가 아니기 때문이다. 갖가지 우려에도 하나님께서 선택한 백성들은 이 예언의 말씀들을 오늘날 우리에게 말씀하시는 목자의 음성으로 여겨 자신의 삶과 신앙에 등불로 삼을 것을 믿어 의심치 않는다. 거짓 예언자들이 혼탁하게 물을 흐려 놓고 종교적인 목회자들과 세속적인 교인들의 마뜩찮은 시선에도 성령의 시대에 성령의 음성을 듣는 것은 하나님의 뜻이기에 말이다.

에필로그

# 예언 노트

© 신상래, 2020

초판 1쇄 발행 2020년 3월 30일
    2쇄 발행 2023년 9월 20일

| | |
|---|---|
| 지은이 | 신상래 |
| 펴낸이 | 이기봉 |
| 편집 | 좋은땅 편집팀 |
| 펴낸곳 | 도서출판 좋은땅 |
| 주소 | 서울특별시 마포구 양화로12길 26 지월드빌딩 (서교동 395-7) |
| 전화 | 02)374-8616~7 |
| 팩스 | 02)374-8614 |
| 이메일 | gworldbook@naver.com |
| 홈페이지 | www.g-world.co.kr |

ISBN   979-11-6536-243-0 (03210)